# 文化神経科学

文化は心や脳をどのように形作るか

石井敬子

勁草書房

# はじめに

2022年2月に始まったロシアによるウクライナ侵攻は、2年以上経ったこの原稿の執筆中にいたってもいまだ解決の見通しは立っていない。識者と呼ばれるさまざまな人たちがこの混沌とした情勢について解説するのを耳にしてきたが、個人的には、米原万里さんが生きていたらこの状況をどう評してくれたかとつい思いを馳せてしまう。ロシア語の通訳者としての活躍に加え、優れたエッセイストであった米原さんは、大の読書家であった。私自身、米原さんの存在を知ったのはその書評を通じてである。しかしその後に読んだ代表作『嘘つきアーニャの真っ赤な真実』（角川文庫）こそ、米原さんの別エッセイのタイトルを拝借するならば、私にとっての「打ちのめされるようなすごい本」である。

その書は、日本共産党の幹部の子女であり、それゆえさまざまな国の共産党幹部の子女が在籍していたプラハのソビエト学校に通っていた米原さんが30年ぶりに音信の途絶えていた3人の旧友に会いに行く3つのエピソードからなる。それぞれのエピソードの根底には、東欧の民主化と社会主義の崩壊の歴史がある。最後に出てくるルーマニア人のアーニャは、万人が平等であるはずの共産主義のもと（家のお手伝いさんを「同志」と呼んでいた滑稽さが何とも言えない）、共産党幹部の子女という特権階級を活かしてルーマニアからは離れ、現在はイギリスで所帯をもち暮らしている。学校で習ったロシア語はおぼつかない。米原さんはアーニャとプラハで再会し、昔話に花を咲かせるが、彼女に対する違和感は、本エピソードを締める以下の文章として表れる。

私たちの会話が成立しているのは、お互い英語とロシア語を程度の差はあれ、身に付けているからよ。あなたがルーマニア語でしゃべり、私が日本語でしゃべったら、意志疎通はできないはず。だいたい抽象的な人類の一員なんて、この世にひとりも存在しないのよ。誰もが、地球上の具体的な場所で、具体的な時間に、何らかの民族に属する親たちから生まれ、具体的な文化や気候条件のもとで、何らかの言語を母語として育つ。どの人にも、まるで大海の一滴の水のように、母なる文化と言語が息づいている。母国の歴史が背後霊のように絡みついている。それから完全に自由になることは不可能よ。そんな人、紙っぺらみたいにペラペラで面白くもない。（「嘘つきアーニャの真っ赤な真実」188ページ）

「どの人にも、まるで大海の一滴の水のように、母なる文化と言語が息づいている。母国の歴史が背後霊のように絡みついている」ことは、当たり前のことに思えるかもしれない。しかし「井の中の蛙大海を知らず」といったことわざが暗示するように、井という当たり前の世界は、大海という比較対象の存在によって当たり前ではなくなる。そしていかに「井という世界」、つまり周囲の環境に私たちは縛られているのかを痛感する。さらにその反応として、時にはまたは人によっては反抗したり、むしろ縛られているがゆえにその世界に同調したりする。ここでの周囲の環境とは、家族であるかもしれないし、学校であるかもしれないし、友人関係かもしれない。または人々を取りまとめるような社会のルールや制度といったものを指すかもしれない。そうしたルールや制度に言語も含まれるだろう。中でも本書が注目するのは、「文化」である。

背後霊としての文化や言語、歴史といった存在が人に絡みつくのは、当たり前に思えるが、実際のところそれがどう絡みついているのかは自明ではない。日本共産党の幹部の子女として育ち、プラハのソビエト学校に通っていた米原さんには、その絡みつき方の独自のストーリーがあり、その一方でアーニャにも独自のストーリーがある。そして東京・牛込の一商人の子として育てられた私にもその独自のストーリーがある。無論、千差万別であるそれらのストーリーを丹念に追うことで、背後霊がいかに人に影響を与えているかを描き出すことは可能である。実際、民族誌的研究は、聞き取り調査や参与観察を通じ、その背後霊の存在を記述してきた。

一方、心理学は、心の法則を明らかにすることを目的とした学問である。個人の精神疾患や不調といった問題の解決を目指す臨床分野もあるが、その主流は、実証研究を通じて、人に普遍的に備わった知覚や感覚等の性質を明らかにすることにある。心理学研究では長年、文化や言語の影響はノイズを与えるものとして軽視されてきた。しかし民族誌的研究が明らかにしているように、その背後霊としての影響は決して軽視されるものではない。となれば心理学の立場に基づき、ストーリーの個別性を超えて、個々の文化に生きることで実践されるさまざまな文化的慣習がどう心を作り上げているのかを明らかにするのが重要な研究課題となる。過去数十年、この研究課題に取り組んでいるのが文化心理学である。本書は、文化心理学におけるさまざまな知見とともに、その文化による影響が脳や遺伝子にまで至る可能性を探る文化神経科学のアプローチを紹介する。

# 目次

目次

目　次

# 第1章　文化心理学の考え方

## 観念体系としての文化と「能動的な」人間像

私たちのものの見方や感じ方に文化が影響を与えるとはどういうことなのだろうか。心理学の立場に基づきながら、その文化の影響をどうやって検討することができるのだろうか。この章では、まずそれらの点に関するいくつかの了解事項を述べ、次章以降の内容の理解に必要な基本的な前提を共有したい。

そもそも文化とは何か。19世紀におけるイギリスの人類学の代表的な研究者であるタイラーは、文化を「特定の社会の人々によって習得され、共有され、伝達される行動様式ないし生活様式の体系」「知識、信仰、芸術、道徳、法律、慣習その他、社会の成員としての人間によって獲得されたあらゆる能力や習慣の複合総体」とした。この見方は、人が意識的な理性に基づいて生み出す知識や行動様式等のいわば収納庫として文化を捉えていると言えよう。

そこから時代が下り、20世紀に入るとボアズを中心としたアメリカの人類学者による研究が盛んになり、理性だけでなく感情にも目が向けられた。ボアズは、幼少期に学習され無意識に繰り返される習慣（habit）に着目した上で、文化とは、特に集団内で共有され、かつ他集団のものとは異なるそのような習慣の総体とした。そして習慣への感情的な固執が伝統を生み出し、その伝統として指し示される当該社会や集団内で蓄積されてきたさまざまな知識や経験といったものが人々の考え方を規定するとした。この見方は、人の心の働きに注目する心理学の見地からすると、伝統による影響を一方的に受け、人とはその伝統を体現するに過ぎないような消極的な人間像を想定しているようにも捉えられる。なお、タイラーの見方には、ヨーロッパ（特にイギリス）をある意味唯一の文化をもつ社会とし、それ以外の社会は文化の程度によって段階化されるといった古典的文化進化の考え方が含意されている。一方、習慣の絶対的な価値は問わないボアズの見方はむしろ文化を相対的に捉えていると言える。

ちなみに、上記の人類学研究に対応した時代における心理学研究は、ヴントに代表される低次の精神機能（感覚）を唯一の実験的研究の対象とする考え方、さらには実証を重視した結果、行動のような目に見える反応に着目し客観性の追求を目指した行動主義に基づくものである。ここでは心の普遍性を前提としている。ヴントの時代において、記号や象徴表現に表れるものは、高次の精神機能として認められてはいた。しかし科学的な方法に基づくその実証は困難であるゆえ、研究対象ではなかった。心理学において文化が研究対象としてみなされるようになったのは、主に1960年以降である。心の普遍性を前提としそれを追求していくことがこの学問分野の主流だとすれば、その前提そのものを問うような文化を視座に入れた研究は傍流である。この風潮はいまだ根強い。とはいえその頃に、心理学では異文化間心理学として、また人類学では心理人類学として、文化と人の心の相互作用に注目した研究領域が認められるようになった（心理学および人類学の研究の流れを踏まえた詳細なレビューについては、箕浦、1979がある）。

文化の見方は研究者ごとに異なっているといっても過言ではない。少なくとも筆者が依拠している見方は、昨今の文化心理学者の多くが採用している、1960年代以降の人類学においてギアツらによって提唱された観念体系としての文化である。[1] 言語様式から知識体系に至るまで、文化内の要素や概念は必ず意味や象徴作用を持っており、人の行動や認識を暗黙のうちに規定するというのがその見方である。

先に述べた習慣や伝統の体現としての人という考え方と大きく異なる点として、集合現象としての意味や象徴作用の重視が挙げられる。通常、意味と言えば、語句の定義や一般的な用法を指し、辞書を引けばそこにあるものと思われるかもしれない。ただしその定義や用法は、各人の勝手な判断では決められない。例えば、紙幣を考えてみよう。その紙っぺらに対して、1000円という価値を私だけでなく、少なくとも日本に住み滞在している他の人々も認め、その紙を出せばだいたい

1リットルの牛乳を4、5本入手できるという行為とその反応によって、その紙っぺらは意味づけられている。よって意味や象徴作用を重視するということは、日頃の習慣によってその内容を体現していくのみならず、実際その習慣の中身やそこでの了解事項こそ人々の日常のふるまいによって形成されていくことをも含意している。

日頃の文化的習慣への参加は、むしろその文化を作り出すことでもあるといった側面は、単なる習慣や伝統の体現ではない、むしろ「能動的な」人間像を浮かび上がらせる。このような「能動的な」人間像は、北山（1998）の以下の引用からも示唆される。

> 文化にある慣習のパターンはすでにそこにあるなんらかの価値や意味を含んでおり、そのような文化に参加することは、これらの価値や意味を自らのふるまいや思考・感情のパターンに実践することである。日常の生活で考え、感じることを通じて、われわれは知らず知らずのうちに文化を生き、そのパターンを再生産しているのである（北山、1998, 20ページ）

観念体系としての文化と「能動的な」人間像を想定した際、注意したいのは以下の2点である。1つは、人が文化を作り出すといった側面にも注意を向けるため、「能動的」という言葉をここでは用いているが、上記の北山にあるような「知らず知らずのうちに文化を生き、そのパターンを再生産している」のが実際である。重要なのは、自分が生きている文化に対して意識的な賛同は全く必要ないといった点である。

もう1つは、文化はマントのように身体を単に覆うものではないという点である。その覆っているマントの色や形が違っているから文化差があるように見えているに過ぎず、そのマントをとってしまえばそこにはヒト（人）としての普遍性があるといった見方は採用されない。もちろん、生物種としてのヒト（人）の文化普遍的な側面はある。例えば、言語に代表されるシンボルの使用、心の理論に代表されるような考え感じる主体としての心を他者に見出し、親から子への教授や社会的学習を促そうとする働きが挙げられる。ただそのような普遍性と同時に、単なる覆いでは説明できない文化の拘束性も認められる。

拘束性の例として、訛りのようなものを考えるとわかりやすいだろう。その環境におけるある言葉の使い方や話し方を自分も周囲も日常的に行い、それに繰り返し（その環境に生れ落ちてからずっと）参加することで、その言葉の使い方や話し方は獲得される。しかもそのように獲得されたものは、環境が変わりその影響があったとしても、変容や消去が難しい。文化は単なる覆いではなく、むしろ染み込むものである。このような見方は、ボアズが強調した習慣や伝統の力と共通している。しかし繰り返しになるが、「能動的な」人間像を想定した場合、意識的な賛同を問わず、文化に生きることそのものがその環境とそこにおける慣習を作り上げている。このことこそがユニークかつ重要である。

## 文化心理学の方法

ではどのようにしたらこのような文化の影響を明らかにできるのだろうか。これまでの文化心理学の研究は、専ら西洋・東洋といった最大限に異なる歴史的背景をもった文化間の比較によって、その異なった文化環境に対応した形で人々の考え方や感じ方が異なることを示してきた。後に示すように、自己・動機づけ、感情、認知等、さまざまな心の性質に関し、研究が進められている。文化がいかに心を作り、またその心をもった人たちがいかに文化を再生産していくかといった心と文化の相互構成過程を示すにあたり、洋の東西における比較は、明確で説得力のある証拠を与える重要なデモンストレーションと言える。

その研究手法は、これまでの人類学の研究がとってきた参与観察やその過程におけるインタビュー調査というよりも、むしろ心理学の一分野として、質問紙調査、行動指標や生理指標を用いた実験研究、何らかの課題中または平静時の脳活動の測定、シミュレーション等、多岐にわたる。本書では詳細について触れないが、アーカイブデータの二次分析も有効な手段である。これは国勢調査に代表される人口動態的なデータも含む。各国で実施されている国勢調査、さらには世界中のさまざまな国を対象として継時的に行われている世界価値観調査等の公開されているアーカイブデータの分析により、時間的な変化を追うことも可能である（Hamamura, 2012; 池田、2016; Inglehart,

2018)。また、Google Ngramを用い、1800年以降の書籍で用いられてきた語彙の頻度に基づいて人々の間に共有された価値観の時間的な変遷を追うこともできる(e.g., Aiden & Michel, 2013; Greenfield, 2013; Grossmann & Varnum, 2015)。さらにChatGPTに代表される昨今の大規模言語モデル(LLM)の進展により、当該の文化における歴史的な資料やコーパスに基づいてLLMを訓練することによって、その文化環境における人々の心理傾向や行動を模擬的に作り出したり予測したりすることもできると思われる(Varnum et al., 2024)。

以下では、それらの手法を用いた研究を紹介していくが、なぜさまざまな手法が用いられているのかについて少し触れたい。それぞれの手法には長所と短所がある。ある単一の研究で、ある手法を用い、しかもあるサンプルを用いて得られた結果には、たとえそれが統計的に意味あるものだとしても、偶然にすぎないという可能性が常につきまとう。もし異なったサンプルや異なった手法を用いても同じような知見が得られるのであれば、それが偶然である可能性は低くなり、より妥当性の高い結論を導くことができるだろう。そのため、研究者は複数の手法を用いた研究を組み合わせて、ある1つの結論を導こうとする。

加えて、文化比較研究の場合、研究者がどの手法を用いるかは、文化の影響の本質がどこに表れると考えているのかにもよる。まず、質問紙調査について取り上げたい。典型的な質問紙調査では、参加者に何らかの文章を読ませ、その内容がどの程度自分にあてはまると思うか、またどの程度賛成できると思うかを尋ねる。例えば、「私はどんなときでも自分の意見を直接的に言う」という文章に対して、リッカート尺度を用い、１（全く当てはまらない）から７（非常に当てはまる）の中から、その当てはまりの程度にあった数字を１つ選択させるというものである。このような質問紙調査の最大の利点はその簡便さにある。また昨今はインターネットを利用した調査によって、さまざまな文化圏の人々からデータを取得することが可能である。

尺度は「ものさし」みたいなものである。ただ、全く意味をなさない「ものさし」もどきを用いても何も測ることはできない。ここで簡単にその前提について触れたい。まず、リッカート尺度の場合、何らかの対象に対する反応が正のものから負のものまで連続して存在しており、ある人の反応はその連続体の１点として捉えることができるという前提を反映している。そして通常、複数の項目を用意し、その評定値を加算することによって、その人物のある対象（例えば社会的態度、自己意識、他者への印象）に対する心的表象全般を測定する。しかしその複数の項目が本当に測りたい内容に対して同じようにアクセスできているのだろうか？

例えば、大谷翔平選手がなぜホームランを量産できるのかを知りたいとする。日常的にどのような食生活を送っているのか、どのようなトレーニングを行っているのか、どのくらい動体視力に優れているのか、どのくらい体の柔軟性はあるのか、どのくらい毎日寝ているのか、どのくらい愛犬と接しているのか等を尋ねるとしよう。これらの回答から得られる得点をむやみに加算してもいいのだろうか？　最初のほうの項目はホームランを打つのに必要なパワーを評価しており、真ん中あたりのものは飛距離を伸ばすのに必要なスキルと関連していそうである。しかし最後のほうは、体調を整えるのに関係していそうだが、ホームラン数との関連は低そうである。それらをまとめてしまっていいのだろうか？　まとめてしまった結果、正しい評価に至らないのではないだろうか？

尺度が良いものさしであるかどうかは、測定が安定しているかどうかに関する信頼性と、尺度が測定目的に合っているかどうかに関する妥当性を考慮する必要がある。いずれも高ければ、良いものさしと言える。例として、5本の矢によるダーツを考えてみよう。この1つ1つの矢が質問項目であるとし、その矢を的に向かって投げた時、5本ともに的の中心付近に当たるとしよう。このとき5つの質問項目は、何らかのある測定対象をきちんと抑えているだろうし、しかもそれが中心をきちんと捉えるなら測定対象を外していないと言える。では、ダーツを投げる人間の持ち方に癖があり、矢がすべてシュート回転してしまって5本とも同じような位置に外してしまう場合はどうだろう。この5つの質問項目は確かに何らかの特定の対象を測定している。しかしそれらはみな外れてしまっていることから、これらの矢は測定したい対象をきちんと捉えることができていない。この場合、信頼性は高いが、妥当性は低い。最後に、矢がいろいろな方向に飛び、しかもそれは全部大きく的を外していたら、信頼性も妥当性もいずれも低い。

話を戻すと、その簡便さゆえに、質問紙調査による数多の文化比較研究が行われてきている。尺度の使用にあたっては、先述のように信頼性と妥当性が問題となる。果たして、異なった文化間で良いものさしと認められるツールを開発し使用できているのだろうか？　特に文化比較の文脈では、内的妥当性に関わる問題、具体的にはその文章で念頭におかれた行動内容が文化間で等価であることが担保されているのかが重要である。それが担保されて初めてその文章は比較文化的に妥当と言える。文化比較で用いる尺度開発において、測定の不変性（measurement invariance）が担保されていることがその基準として近年問われてきているが（Fischer & Karl, 2019）、問題は依然として残る。

例えば、この測定の不変性に影響を与える問題として、「私はどんなときでも自分の意見を直接的に言う」という質問項目に含まれる「自分の意見」や「直接的に」といった言葉が指し示す内容が文化間で異なり、結果的に異なった意味を持ってしまう可能性がある（Peng et al., 1997）。さらに、このような質問項目に回答するとき、参加者は無意識のうちに何らかの基準、例えば自分の周囲の人間の特性やその予想される回答をつい参照してしまい、相対的な判断に基づく回答をしてしまう可能性がある。そしてこの周囲の人間の特性やその予想される回答というのは母集団の性質を指すものであり、しかも母集団の性質そのものに文化差があるために、そのようなすでに差のあるものを参照した判断は実際のところ意味を成していない（Heine et al., 2002）。

最後に、これが最も重要な点であるが、先に述べたように観念体系としての文化を前提としたとき、人々が日常生活を送るにあたって「ここに文化がある」という意識をもつ必然性はない。むしろさまざまな文化的な慣習への日常的な参加こそが文化を支えているのである。つまり文化の影響は通常意識しない領域に大きく存在し、まさにそのような領域に質問紙研究がアクセスするのは困難である（Kitayama, 2002）。内省に代表される、判断項目を通じて意識的に自分自身の態度を推測することに基づいた文化比較研究にはそのような意味で限界がある。後に述べるような相互独立・相互協調、または個人主義・集団主義といった価値や自己観の文化差が尺度研究では安定せず、例えば日本の集団主義は幻想であるといった論調（Takano & Osaka, 1999）も見かけられるが、そもそもこれは文化の影響の本質を尺度に依存した研究では捉えきれないことを示唆する。

先の「私はどんなときでも自分の意見を直接的に言う」という例に戻ると、内省判断によらない測定をどのようにして行ったらいいだろうか。端的に言えばその行動そのものを調べればいいので、例えば参加者を複数人同時に集め、20分間、自由に討論してもらい、その内容を録音した上で討論中どのくらい直接的な物言いをしていたかを評定するというのが1つのやり方である。一般的に、実験参加者は、そこで何を調べられているのかについてどこまで自覚的であるかについて個人差があるものの、その実験者の意図を多少は読み取ろうとする。それは、社会的望ましさや要求特性による影響として表れる場合がある。特に質問紙研究の場合は、実験者の意図はその文章に表れている（つまり「直接的な物言い」を調べているというのが明白である）。そのため、そこで得られた回答がどこまで本当のもの（いわゆる本音）なのかはわからない。

一方、実験研究の場合、参加者が何らかの反応や行為を示すのに必要な説明は明確になされるものの、そこでの実験者の意図は質問紙調査ほど明示的ではない。しかも実験研究には、通常何らかの条件比較が含まれる。ベースラインとなる条件と何らかの調べたい変数が含まれる条件を比べ、その差が統計的に意味あるものであるかどうかを分析し、意味ある差であるとわかればそれはその

2つの間で異なるその変数の有無によって説明される。しかもそれらの条件には参加者はランダムに割り当てられるため、たとえ参加者が何らかの意図をもって実験に臨み、その意図の内容がさまざまなものであったとしても、その意図の面におけるちらばりはいずれの条件も同等で、しかも条件比較することによって、そのちらばりは相殺されると考えられる。もちろん実験研究においても内的妥当性の問題はつきまとい、異なる文化の参加者であっても用意した実験条件が同じように理解されるのかという点は留意しなければならない。そのあたりは、研究者側でその文化の研究者たちと協働していくことで通常解決が図られる。いずれにしても、このようにして行動を測定するのが文化比較研究において最も妥当性の高いやり方である。

このようにして見ていくと、行動指標を測定するのが明らかに望ましい。なおここでの行動指標は広義のものであり、内省によらないという面で、例えば反応の速さを調べるための指標である反応時間、反応の確からしさの指標である正答率といった従来認知心理学分野でよく用いられてきた指標に加え、眼球運動の測定（画面を見ているときの視線計測）、発汗、心拍、唾液中のホルモンといった生理指標、さらには脳内指標も含まれる。ただし、このような行動指標の測定にもいくつかの問題がある。例えば、人のある心理傾向を実験という非日常的な場面に落とし込んで調べようとするため、そこで計測されて得られた結果がどの程度一般化可能かという問題が常につきまとう。そのためには調べたい仮説を明確にし、きちんと変数を操作できる条件設定が必要である。また一般化可能かという点は、実験というある特定の一時点での反応に基づく結論に対してもよく指摘される問題である（ただしこれは質問紙研究の場合も問題となる）。この点に関しては、近年の測定デバイスの改良により、スマートフォン等を利用した経験サンプリング法が可能になっている。1日複数回、数日にわたり、同じ質問に回答してもらうことにより、生態学的妥当性がより担保された計測が可能である。

しかしさらなる（実行上の）問題としては、質問紙研究と比較し、何よりもデータを収集するための時間的、金銭的なコストが大きいということが挙げられる。特に知見の妥当性を高めるためには、期待される文化差を検出するのに妥当とされるサンプルサイズが必要であり、時と場合によっては大量のデータが必要である。一方、このような行動の計測にあたって、多くの場合、参加者を一人ずつ実験室に呼び、30分から1時間程度（実験によってはさらに長い場合も当然ある）拘束する必要がある。また先の例のような討論の実験であれば、同時に複数人の参加者の時間調整をした上で同じ時間に参加してもらい、しかもその発話データの評定を別の人たちにやってもらうという作業も必要である。このような長所や短所ゆえに、何らかの折衷案が多くの場合用いられている。例えば、質問紙研究の方法を用いながらも、内省判断ではなく、行動そのものを尋ねるような質問を含めるのがその一手である（断定的な言明を過去1週間で何回したかを報告させる）。さらに先程述べた経験サンプリング法は、参加者数が少なくともその繰り返しの反応を見ることによって大量のデータを得られるという利点もある。

## 「文化の影響＝一枚岩」であることの誤解

このような文化比較研究において気をつけたいのは、研究者が意図していないにもかかわらず、洋の東西におけるデモンストレーションがすでに存在している何らかのステレオタイプを増長させたり、新しいステレオタイプを生み出したりする可能性である。実際、本書においてもこれ以降の知見を紹介する際、どうしても「アメリカ人は……」や「日本人は……」という説明をせざるを得ない。

例えば、欧米において、自己の望ましい属性に注目し、他者と比べて優れていることを過度に見積もる心の傾向（自己高揚）が顕著に見られる。実際、この傾向はあたかも人であれば誰しもがそのように動機づけられるかのように、社会心理学の教科書に必ず紹介されている。しかし東洋では、この傾向は生じにくいどころか、むしろ自己の能力を過小に見積もる心の傾向（自己批判）が生じる。この知見を説明する際、「日本人は自己批判をしがちだ」という物言いになる。この言い方は、何となく人々が日常的に思っている「本音を出したら角が立つし、出る杭は打たれてしまうから、自分を下げて穏便にすませるのがいい」という見方を支持し、ああやっぱり日本人はそうなのかといったそのステレオタイプを強化する可能性がある。そして、全体的な傾向として自己批判が見られる、つまりそこには自己高揚的な人たちもいれば自己批判的な人たちもいて、ただ全体を見れば自己批判的な程度が大きいということに過ぎないのに、この物言いは、あたかも日本人全体が自己批判をするかのように捉えられかねない。

実際の知見も、アメリカ人たち、はたまた日本人たちが同じようにその文化による影響を受けて、あたかも一枚岩であるかのような印象や固定観念をもつのは誤りであることを示唆する。後述のような社会生態学要因に着目した近年の研究は、ある文化内においてもその生業や関係や住居の流動性、さらには社会階層によって導かれる心の性質が異なることを明らかにしている。また、文化課題理論（Kitayama et al. 2009）によれば、ある文化におけるさまざまな慣習をその文化の成員が一様に実践することは不可能かつ不必要であるゆえ、人々が参加し実践する慣習のセットが異なる結果、文化内でも人々の心の性質や行動に分散が生じる。

例えば、東洋においては、関係が個人より優先されるような志向性を反映し、目上の人に対する尊敬、謙遜、中道に基づく慣習があるとするなら、その文化の成員がその3つの慣習を同じようにすべて実践していく必然性はない。小さい商店の主とその家族たちが狭いコミュニティを形成しているようなところであれば、誰もが顔見知りで噂好きであり、良くも悪くも目立つことが致命的であるゆえ、謙遜の重要性が教え込まれ、実際それを日ごろから実践する。一方、そのようなコミュニティにおいて年長者は大切にされるべきであり、対立する意見の両方を考慮するような中道的な立場をとることもあるが、それに基づくふるまいはさほど生じないかもしれない。そうであれば、そのようなコミュニティの人々は、謙遜の結果として生じるような自己批判的な傾向を示しやすいが、自分の親に代表される年配者に対する配慮や丁寧さ、さらには対立した2つの両方を支持するような態度というのはそれほどでもないかもしれない。また、多くがサラリーマン世帯からなる新興住宅地のようなところでは、もしかすると謙遜や中道といった慣習はさほど必要なく、しかしそれでもそのコミュニティの人々が持ち得る仕事場等の関係性において目上の人に対する尊敬のような慣習は求められるかもしれない。

文化環境といってもさまざまなレイヤーがあり、しかもそのレイヤーの重なりがあるだけでなく、その重なりの度合いにも個人差がある。そしてそのレイヤーが促す慣習があり、さらに人はそれに応じた心の傾向を示す。このようにレイヤーの重なり、つまり慣習の重なりの度合いに個人差があるなら、心の性質にも個人差があり、先の例に基づくなら3つの慣習に対応した心の性質どうしの相関もない。年配者に対して配慮や丁寧さを示しやすい人たちは、同時に謙遜もしやすく、中道的な態度をとりやすいというわけでは決してない。ただしここで重要なのは、そのような文化内のちらばりがあったとしても、慣習のセットに洋の東西で歴然とした差があり（その差がどこから来たのかという諸説は後に譲るとし）、全体的な傾向としては、西洋では個を重視するような慣習のセット、東洋では関係を重視するような慣習のセットからなり（ただし洋の東西で当然重なり合うような慣習も存在するだろう）、心的な傾向においても洋の東西における差が明確に見られるということである。

# 本書の構成

文化神経科学は、文化－心－脳－遺伝子の関係を明らかにしていこうとする研究分野である。その総説は英語では今から10年以上前に刊行されている（e.g., Kim & Sasaki, 2014; Kitayama & Uskul, 2011）。日本語でも拙稿ながらその概説はある（石井、2014）。ただしそれから10年は経ち、研究の進展もある。そしてこの研究分野は、文化－心の対応関係を検討してきた文化心理学におけるさまざまな知見がその下地となっているが、日本語で刊行されたその教科書的な位置づけの書籍（増田・山岸、2010）が絶版となっており、しかも大半が英語論文として公表されているため、実際のところその下地へのアクセスが難しい状態である。そこで本書では、その下地となる文化心理学の知見を概観した上で、文化神経科学の知見、およびその現状について説明する。

具体的には、以降の第2章と第3章で、認知、感情、自己に注目しながら、洋の東西における差異、さらには洋の東西を超えた社会生態学的な要因による影響について概観する。文化心理学の研究は、無論、認知、感情、自己にはとどまらず、対人関係や集団間関係に関するさまざまなものもある。しかし文化神経科学が扱ってきている研究への橋渡し的な意味で、本書ではこれら3領域における研究に焦点を当てる。私の視点の偏りもあり、網羅的とは言い難いが、近年の知見の動向を追うことはできるだろう。

次の第4章では、果たして文化の影響は脳にまで染み込んでいるのだろうかという関心のもと、脳機能イメージングや脳波を測定した研究を紹介していく。その上で脳内指標に表れた文化の影響について考察を加える。第5章では、文化－心－脳から、文化－心－脳－遺伝子への拡張ということで、文化と遺伝子の共進化および相互作用に関する知見を紹介する。文化心理学者は主に候補遺伝子に関する研究を行ってきたが、その標準的な手法が候補遺伝子からゲノムワイド関連解析へと移った昨今、本来の研究の問いである心と文化の相互構成過程、さらにはなぜ多様な文化が存在しているのかという点を見失いつつある。そのため、これまでの知見を紹介しつつ、その現状の問題点も記したい。

## 注

（1）この時代、観念体系としての文化とともに、タイラーの文化の概念の流れをくむものとして、文化を機能的なものとみなした適応に基づく見方も提唱されている。ボアズの弟子であり、『菊と刀』の著者として知られるルース・ベネディクトによる「いかなる文化においても人間行動のあらゆる可能な形式の中から、ある限られた部分が望ましいものとして助長され、他のものは抑制される。ある個別文化の中で育つうちに、個人は自分の文化が『よきもの』として助長している部分を受け入れる」（箕浦、1984）といった主張にその見方が端的に示されている。観念体系としての文化との大きな差異は、文化内に存在している概念や要素がどのような過程を経て形成されてきたかの検討の有無にあると言える。このような過程は、文化を人間の観念体系として見たときに初めて注目されるようになったといえる。そしてその背景には、行動主義以後の認知革命により、認知への関心、さらには刺激が内包する意味への関心が高まった点が挙げられる。ブルーナーによる以下の引用がそのような背景を明らかにしている。「その革命（認知革命）は、意味——刺激と反応ではなく、明らかに外から観察可能な行動でもなく、生物的な動因やその変化物でもなくまさに意味——を、心理学の中心概念として定着させようとする全力をあげた努力であったと思っている。——（略）——この革命のねらいは、人間が世界に出会うことによって創造した意味を発見し、明示的に記述し、そしてそこにどのような意味形成の過程が関与しているのかについての仮説を提起することであった。人間が、世界だけではなく自分自身についてのセンスを構成したり、形成したりする際に使用する象徴活動に対して革命の焦点は当てられていた。革命のねらいは、心理学を刺激して人文科学や社会科学の中の解釈的な姉妹分野と力を合わせることであった」（Bruner, 1990）。

# 第2章　認知、感情、自己——洋の東西の文化的差異

観念体系としての文化と「能動的な」人間像において示したように、各人が生きる文化において何が良い（悪い）とされているかの価値観や、ふるまいのルールとも言える規範といったものは、まさにその文化に生きる（参加する）ことを通じ会得されていく。その価値観や規範には、習慣やそこでの了解事項や前提からなる共有された意味がある。その文化に生きる人々は、そのような意味が文化内でたとえ明示化されていなくても、またそれを意識的に理解しようとしなくても、その価値観や規範を用い、それに合わせて他者や自分を理解したりすることで、その意味を身につけていくと考えられる。

例えば、欧米の子育てとは、小さい頃から、自分のことは自分で責任をとるようにしつけるのが特色だと言われる。そのような慣習は明示化されていないし、必ずしもそこにいる万人がそれを支

持している訳ではない。人は、そのような考えに反対であろうとも賛成であろうとも、結局のところその慣習に参加する。時には反駁したとしても、その参加によってそれに応じた心理的プロセスが形成されると考えられる。そして慣習への参加はその価値観や規範の維持へと至り、またそれに対して反駁する人たちが多くなれば変容へと促される。

別の例を挙げると、大谷翔平選手の元通訳が賭博にはまり、多額の資金を大谷選手の口座から盗み取っていたことが連日報道されたのを思い出してほしい。それはその元通訳の非道徳的な性格によるのだろうか？　それとも元通訳の交友関係に賭博好きな人たちがいて、その影響を受けたせいなのだろうか？　ある行為がどのような原因によって引き起こされたか推測する場合、これまでの欧米の研究によれば、明示的な状況要因（例えば賭博好きな友人たちからさまざまな誘惑をもちかけられた）があるにもかかわらず、個人の内的な属性や能力（例えば非道徳的な性格）に帰属させてしまう傾向がある。一方、東アジア文化圏で行われた同様の研究では、そのような傾向が消失することが報告されている（Choi & Nisbett, 1998; Masuda & Kitayama, 2004; Miyamoto & Kitayama, 2002）。この場合、内的属性に従って他者の行動を見ることを通じ、自分の行動に対してもそのような内省を加えたり、自分の属性と一貫するような行動をとるように努めたりするだろう。このようにしてみてみると、文化の価値観や規範とそこに生きる人々の心の性質は相互構成的である。

文化に生きるということは、主体としての人々のふるまいの集積に他ならない。各文化において、どのような主体が望ましいとされ、期待されているのだろうか。マーカスと北山は、主体の文化的モデル、具体的には文化において歴史的に共有されている自己についての通念を文化的自己観と呼んだ（Markus & Kitayama, 1991）。自己観は、単に個人個人が意識したり、その価値を肯定したり否定したりするものだけでなく、歴史的・社会的に共有されているような事実、例えばある文化における慣習や言語的用法などにも反映されている。文化的自己観は、物事に意味を与え、それらについて考え、感じ、あるいはそれらに対して実際に行動をする際の「準拠枠」をその文化に生きる人々に提供する（北山、1998）。

マーカスと北山によれば、この文化的自己観は、相互独立的自己観と相互協調的自己観に大別される（図2-1）。相互独立的自己観は、欧米圏（特に北米中流階級）で一般的な信念とされている「自己=他から切り離されたもの」を反映している。このような自己観のもと、人は、自分自身の中に誇るべき属性を見いだし、それを外に表現することで常に自分の存在を確認していく。また「自己=他から切り離されたもの」というその考えに適合していくことで、人は、自己のあり方のみならず、それに従った人間観を持つに至る。一方、相互協調的自己観は、東アジア文化で一般的な信念とされている「自己=他と根元的に結びついているもの」を表している。このような自己観のもとでは、社会関係における自身の立ち位置や役割が重要であり、他者と協調的な関係をもつことで自己を確認し、自己実現が図れる。そして同様に、こうした過程を経ることで「自己=他と根元的に結びついているもの」に従った人間観を持つに至る。

加えて、相互独立的自己観・相互協調的自己観と同様の文化差を説明する次元として、個人主

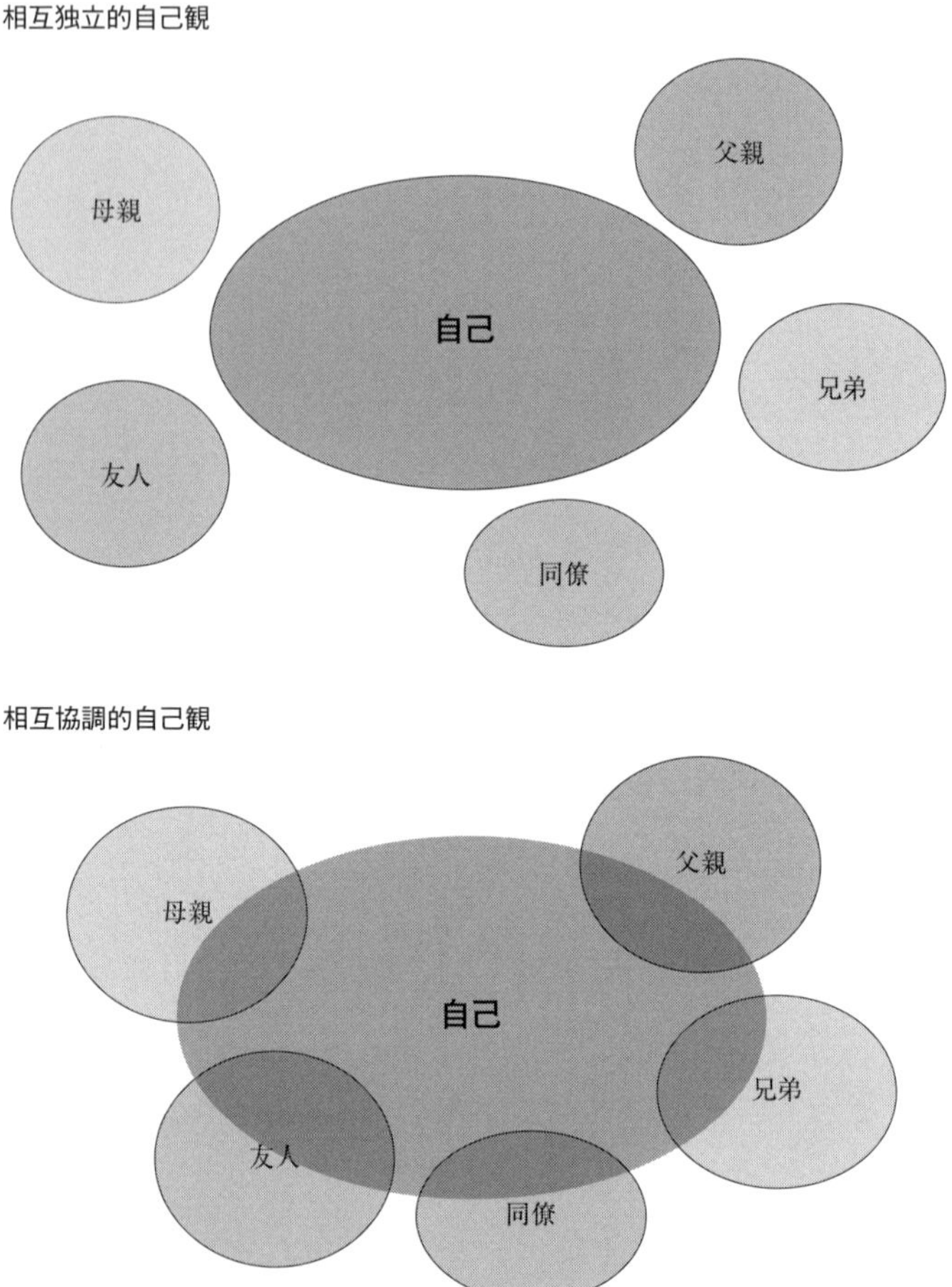


図２-１　相互独立的自己観と相互協調的自己観

義・集団主義がある。トリアンディスは、ある特定の言語を話す人々、または歴史的な時間、さらにはある地域における共有されてきた態度や信念、規範、役割、価値などのパターンを文化的シンドロームとした。この文化的シンドロームに個人主義や集団主義は含まれる。トリアンディスによれば、個人主義は、（1）自己は相互独立で自律的なものとして定義され、（2）集団の目標よりも個人的な目標を優先し、（3）規範よりも自身の態度がその行動を決定し、（4）交換規範の面から関係を捉え、その関係による利益と損失を計算し、損失が利益を上回る場合にはその関係から離脱することによって特徴づけられる。一方、集団主義は、（1）自己は相互協調的なものとして定義され、（2）個人的な目標と集団的な目標が矛盾するときには、後者を優先し、（3）自身の態度よりも規範がその行動を決定し、（4）共同規範の面から関係を捉え、たとえ個人のレベルではその関係による費用がかかっても、自集団の観点からはその関係による利益があるので、個人はその関係に留まろうとすることによって特徴づけられる（Triandis, 1995）。

なお、ここまで相互独立・相互協調または個人主義・集団主義と大別してきたが、例えば日本が完全に相互協調で集団主義というわけではない。多かれ少なかれ、それぞれの文化にはいずれの概念もある。ただし、どちらの概念が優先されるのかという物言いは可能である。実際、独立か協調か（ないしは個人か集団か）は時には対立する。先程触れた文化課題理論（Kitayama et al., 2009）を繰り返すと、そのような人間観や価値、信念を得るための手段として文化内には慣習（課題）が存在し、人は日常の慣習を通じ、その社会・文化で優勢な人間観や価値、信念を自らの行動に実現させていく。例えば、相互独立であれば、それに対応した課題として「自己主張をする」「ユニークさを重視する」「自己を肯定的に見るようにする」等があり、一方相互協調であれば、「謙虚で目立たないようにする」「調和を重視する」「自己を批判的に捉える」等がある。またそれぞれの課題は、相互独立や相互協調に関連した心理・行動傾向とも結びついている。重要なのは、ある社会・文化のもとですべての慣習を実践するのは不可能であり、その慣習の選択の仕方によって心理・行動傾向も変わってくる点である。

## 認知の文化差

文化的自己観の差異に対応し、人々が物事に対してどのように注意を向けて認知するかの様式にも文化差が存在する。ニスベットらは、西洋人の思考・認知様式は分析的であるとした。つまり、対象やその要素を同定し、それらの間の論理的、かつ直線的関係を定式化する傾向があるとした。これに対して、東洋人の思考・認知様式は包括的であるとした。つまり、対象やその要素そのものに注目するのではなく、それらの間の相互関係や全体的な布置を非直線的、かつ弁証法的に定式化する傾向があるとした（Nisbett et al., 2001）。彼らによれば、西洋文明は、個の自立を機軸に自然を理解、征服しようとしてきた歴史的背景があり、それによって、最も重要な対象を文脈から抜き出し、それに焦点をあてて操作するという分析的態度が顕著になった。これに対し、東洋文明は、個と社会や自然との調和を重視し、個を社会や自然の一部として理解、制御しようとしてきた歴史的背景があり、それによって、いかなる個物も全体の中に埋め込まれたものであるとする包括的態度が顕著になったと考えられる。

実際にこれまで数多くの研究が洋の東西の人々における認知様式の差異を見出している。以下では、社会的推論、注意配分、カテゴリー化、変化と時間認識に着目し、代表的な知見を紹介する。

## 社会的推論

他者の行動を正しく理解し、その行動意図を知ることは、他者との相互作用を含む日常生活において必須である。一般的には、人は、他者の行動に対してその他者の内的属性（例えば、その人の性格や能力等）を結び合わせて推論しやすいと言われている。その上で、その行動を取り巻く状況要因を考慮し、属性に基づいたその推論を修正して最終的な解釈に至ると考えられている（Gilbert & Malone, 1995）。このような属性推論のしやすさに関する代表的な現象の1つに、帰属の根本的錯誤がある。

帰属とは、他者の行為を見聞きしその原因を考えることである。そして帰属の根本的錯誤とは、ある行為が状況要因に帰属できたとしても、その行為に対応した内的特性を行為者が持っていると推測してしまう現象のことである。例えば、ジョーンズとハリスは、アメリカ人参加者に対して、キューバ共産党の指導者であったカストロに賛成または反対のエッセイを読ませ、その書き手の態度を推測させた（Jones & Harris, 1967）。その際、参加者のうち半数には、そのエッセイの書き手は自由に立場を選んで書いたことが伝えられ、もう半数には、そのエッセイの書き手はその立場で文章を書くよう強制されたことが伝えられた。その結果、条件にかかわらず、参加者はエッセイの内容に対応した形で書き手の態度を推測した。立場を「強制」されたゆえにその立場と書き手の態度は本来対応していない。むしろそのエッセイの内容は「強制された」という状況要因に帰属できる。しかし参加者たちはそのエッセイの内容に対応した態度をその書き手は持っていると推測しやすかった。

帰属の根本的錯誤は頑健な現象として知られている一方、これまでの知見は、東アジアの人々ではその傾向が弱いことを示している。特に状況要因を顕著にした際、それでもアメリカ人参加者は帰属の根本的錯誤を示すのに対し、東アジア人では状況要因を考慮した推測をしやすく、帰属の根本的錯誤は生じにくい（e.g., Choi & Nisbett, 1998）。また、エッセイの長さを操作し、書き手の態度に関する手がかりを与えた場合、日本人はその影響を受けやすいのに対し、アメリカ人は影響を受けにくい（Miyamoto & Kitayama, 2002）。具体的には、長いエッセイの場合、それだけ長いものを書くというのはいわば書き手がその立場にかなり思い入れがあることを示していると言える。よってそのようなエッセイは、態度を診断する上で有用である（高診断性）。一方、2、3文の短いエッセイは、書き手のその立場への思い入れが低いことを示すかもしれない。そのため態度診断の面では有用でない（低診断性）。実際日本人はこのようなエッセイの長さに反応し、書き手の本当の

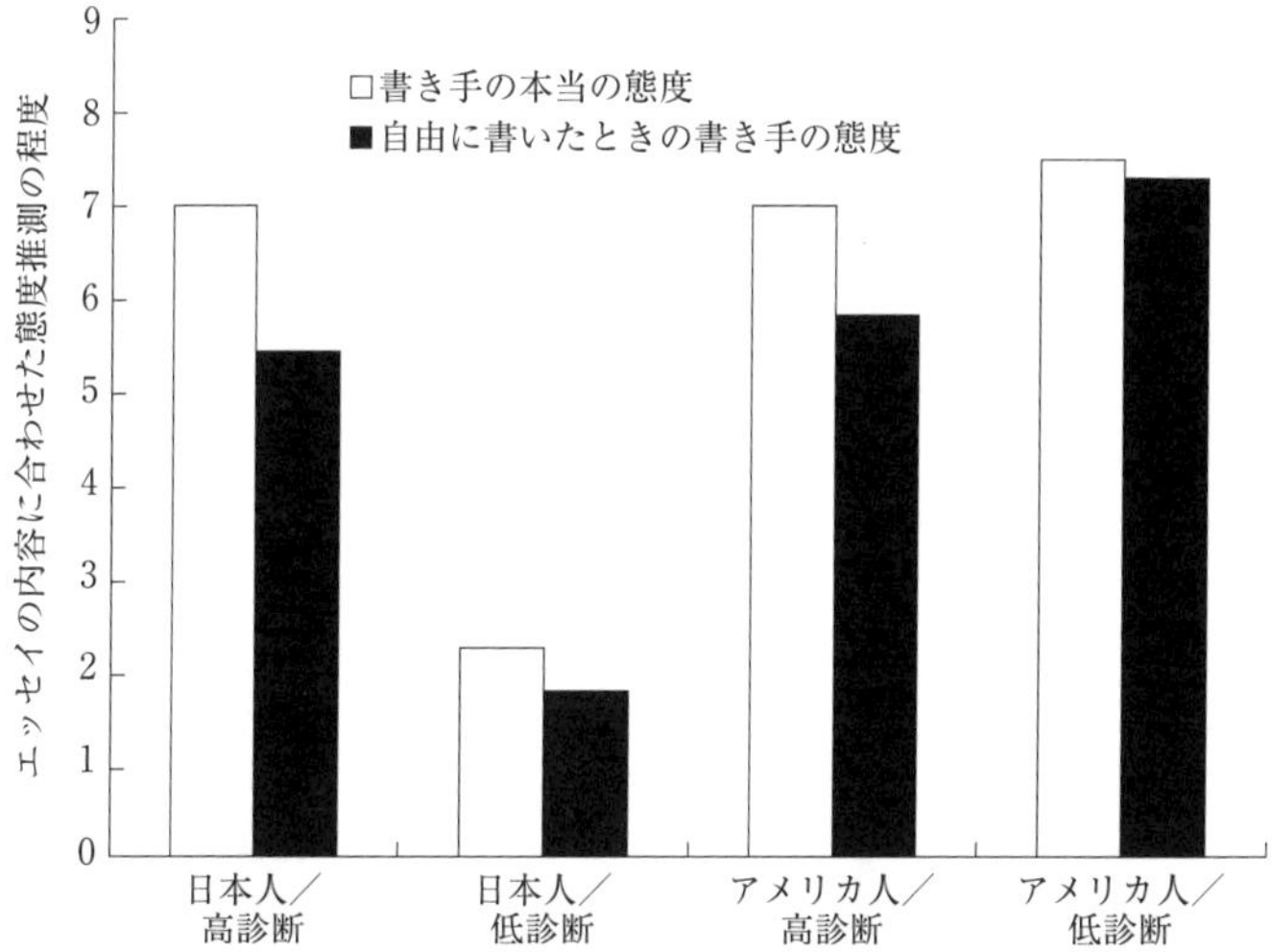


図2-2　帰属の根本的錯誤の文化差（Miyamoto & Kitayama, 2002）

態度、自由に書いたときに書き手が示す態度のいずれの質問に対しても、エッセイが長い場合にはその内容に合致した態度を書き手が持っていると推測しやすかった。それに対し、エッセイが短い場合にはそのような推測を示さなかった。一方、アメリカ人参加者は、エッセイの長さにかかわらず、その内容に合致した態度を書き手が持っていると推測しやすかった（図2-2）。

帰属の根本的錯誤が東アジアにおいて弱くなる背景には、まず、状況要因や文脈状況が考慮されやすい点が挙げられる。以下の例でも紹介するように、東アジア人は文脈に注意を向けやすい。同様の現象は、他者の行為の原因を推測させる場合にも生じる。ある人物の行為を説明する際、アメリカ人はその人物の内的要因（例えば性格特性）に帰属させやすいのに対し、アジア人はその人物を取り巻く外的要因（例えば環境の性質）をも考慮しやすいことが知られている（Kitayama et al., 2006; Miller et al., 1984; Morris & Peng, 1994）。また別の研究では、そのようなある人物の行為を説明する際に、アメリカ人と比較し、韓国人のほうがより多くの情報を加味しやすい（Choi et al., 2003）。次に、そもそもアメリカ人のほうが東アジア人よりも特性に基づく推論をしてしまいがちであることも挙げられる。特に、ある人物のふるまいについての記述（例えば「仕立て屋さんは、おばあさんが購入した食料品をもって、道を横切った」）からついその人物の特性を推論（例えば「頼りになる」）してしまう現象は自発的特性推論として知られている（Winter & Uleman, 1984）。実際この現象はヨーロッパ系アメリカ人において特に顕著であることが示唆されている（Na & Kitayama, 2011; Shimizu et al., 2017; Zarate et al., 2001）

## 注意配分

ある人の行為やある事物についての動きを理解する際、それを取り巻く状況要因や文脈を考慮する程度に文化差がある。少し古い映画だが、「ファインディング・ニモ」を思い出してみてほしい。さまざまなイソギンチャクやサンゴが揺れている中、カクレクマノミやナンヨウハギ、サメ、チョウチンアンコウなどが泳いでいる。果たしてそれらが泳いでいるシーンを見たとき、その見た内容をどのように説明するだろうか？　カクレクマノミやナンヨウハギといった中心的な魚に焦点を当てた説明になるだろうか？　それとも「これは青い海の様子を示していて、イソギンチャクはゆら

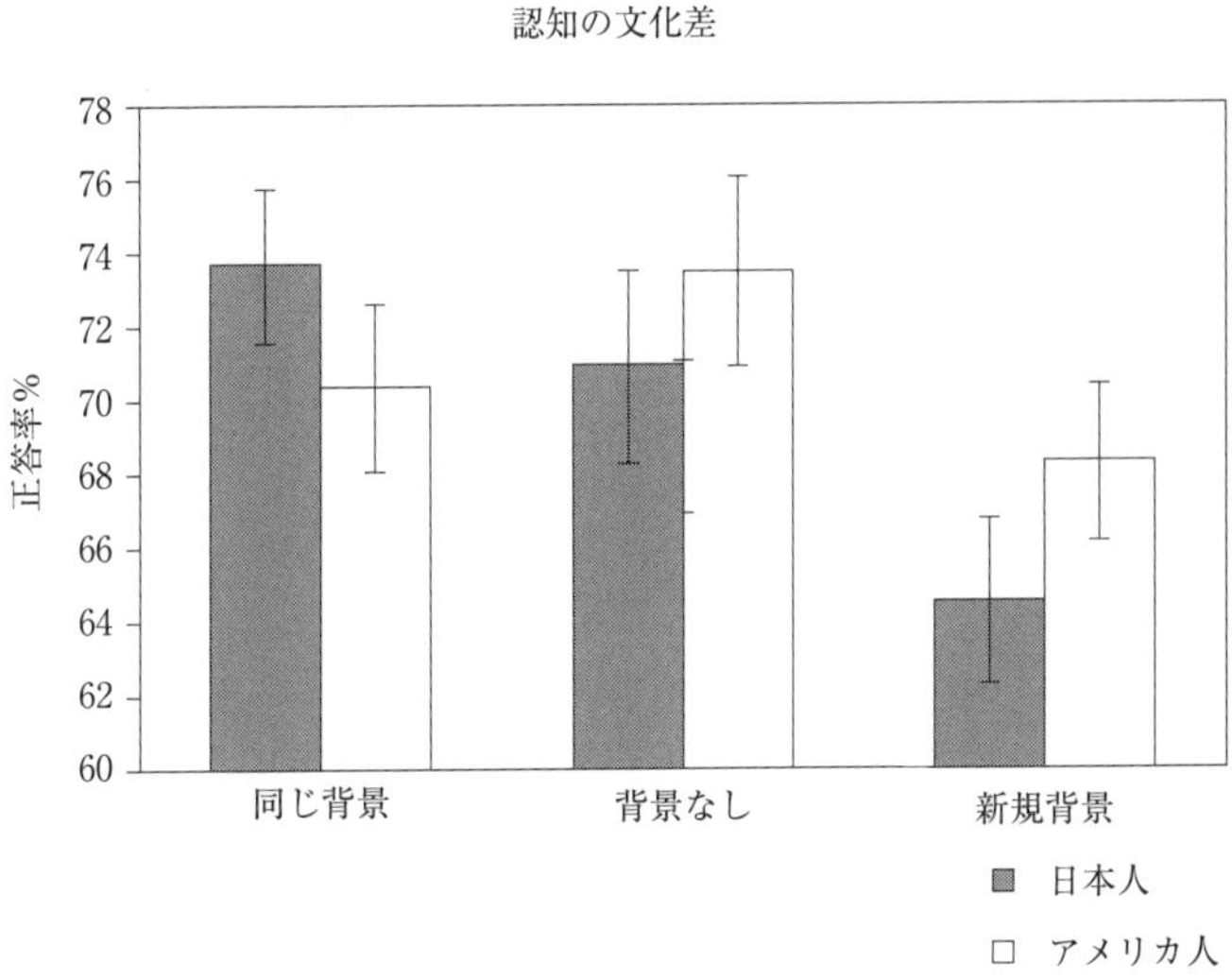


図2-3　再認課題における中心事物の正答率（Masuda & Nisbett, 2001）

ゆら揺れている」といった背景情報にも言及するだろうか？　また、シーンの視聴から少し時間をおいた後、先程見た魚を思い出すように突然言われ、しかもそのシーンとは異なる背景（例えば海の色やイソギンチャクやサンゴの種類も異なっているような場合）のもとでその魚の絵を見せられたとき、果たしてその魚を先程見たかどうかを正確に答えることができるだろうか？

増田とニスベットは、日本人とアメリカ人参加者に対し、先の例のような水中の様子を描いた動画を示して、何を見たかを回答させた。その後、予告なしに、動画に登場した事物を思い出すように求め、その記憶成績を調べた。そのような記憶課題では、その事物は、背景なし、初めに見たのと同じ背景、初めに見たのとは異なった背景のいずれかで示された。その結果、図2-3が示すように、アメリカ人と比較し、日本人は背景に言及した説明をしやすく、しかも異なった背景とともに示されたときに特にその事物の記憶成績が悪くなった。このことは、日本人がある事物を処理する際にはその背景と結びつけて知覚する傾向が強いのに対し、アメリカ人では対象となる事物をその背景と切り離して知覚する傾向が強いことを示唆する（Masuda & Nisbett, 2001）。またチュアらは、増田とニスベットが用いたある事物とその背景からなる画像を見ている際の参加者の眼球運動を調べ、中国人はアメリカ人と比較し、相対的に背景への注視回数が多く、注視時間も長いことを明らかにした（Chua et al., 2005）。

加えて北山らは、刺激の社会性を最小限にした線と枠課題（図２－４）を考案し、その場合でも注意の向け方に関する文化差が見出されることを示した。この課題では、参加者はまずある大きさの正方形の上部中央から垂直に線が引かれている図形を示された。次にそれとは異なる大きさの正方形が示され、最初に見たものと同じ長さの線を引くか（絶対課題）、または最初に見た図形の線と四角形の枠と同じ割合になるようにその2番目の図形の枠の大きさを考慮して線を引くか（相対課題）のいずれかを求められた。この相対課題では、線（中心的な事物）の長さを判断する際に枠（背景情報）の大きさを考慮しなければならないのに対し、絶対課題では、線の長さを判断する際に枠の大きさを考慮する必要がない。その結果、アメリカ人参加者と比較し、日本人参加者は相対課題における誤差が小さかった（図２－５）。一方、日本人参加者と比較し、アメリカ人参加者は絶対課題における誤差が小さかった（Kitayama et al., 2003）。

さらに増田ら（Masuda & Nisbett, 2006）は、よくクイズ番組で用いられるような間違い探し課題を用いて、注意配分における文化差を検討した。間違い探し課題では、20秒程度の短い動画、例えば何台かの飛行機があり、その一部が動いたり、飛び立ったりし、また背景には管制塔があるような空港の景色を示したものが用いられた。そして、連続した2つの短い動画が提示された。それらは一見して同じものだが、中にはいくつかの差異が含まれており（例えば手前にある中心的な飛行機

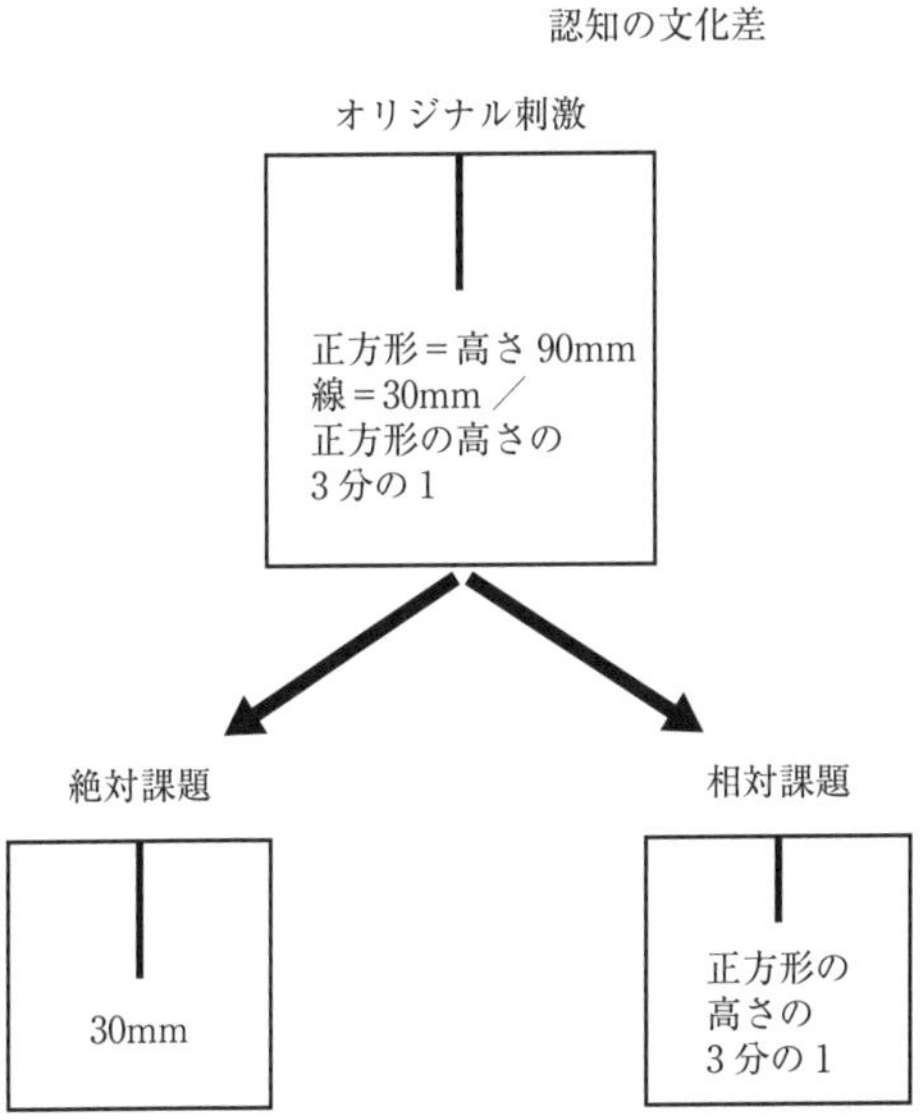


図2-4　線と枠課題（Kitayama et al., 2003）

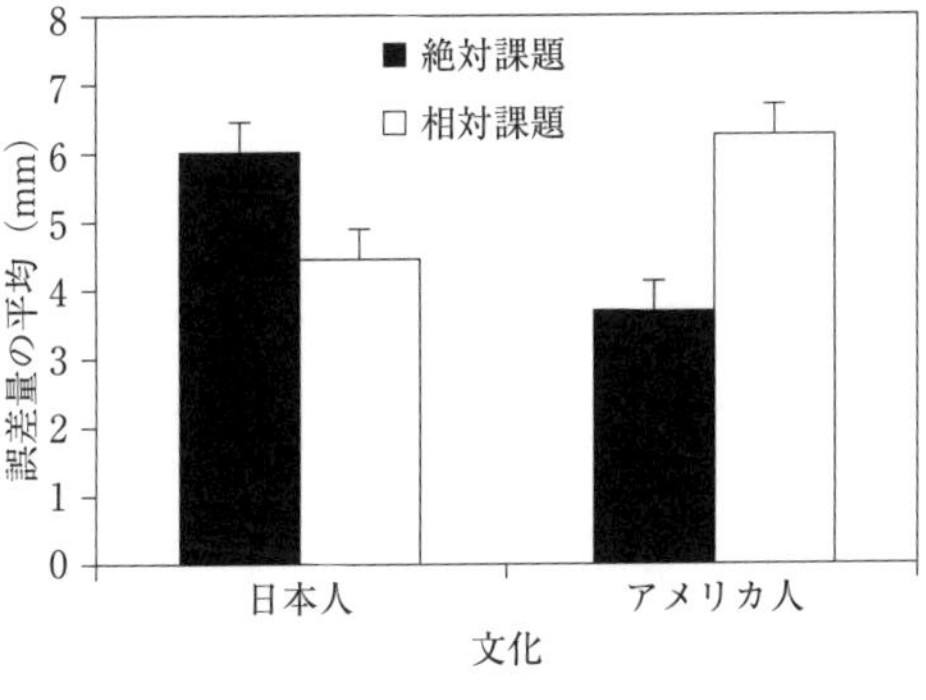


図2-5　線と枠課題の結果（Kitayama et al., 2003）

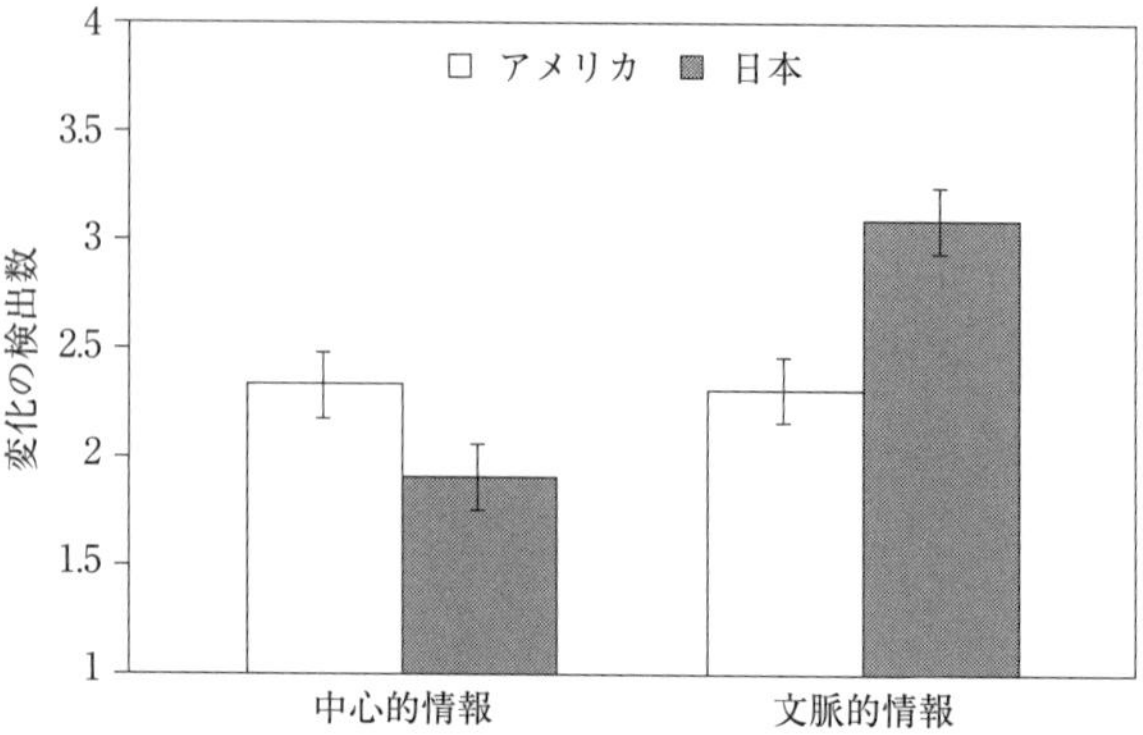


図２-６　文化によって発見しやすい間違いが異なる（Masuda & Nisbett, 2006）

のマークが異なる、管制塔の高さが異なる等）、参加者はそれらの動画間の差異（つまり間違い）を答えるよう求められた。その結果、アメリカ人参加者は中心にある間違いを発見しやすかったのに対し、日本人参加者は背景にある間違いを発見しやすかった（図２-６）。

このような注意配分傾向は消費者行動にも関連している。この文化特有の注意配分の仕方に関連した手がかりに基づくカスタマイズを経験することで購買意欲が高まることが知られている。例えば、商品の主要なパーツを１つ１つ選択して自由に決めることができる場合、相対的に東アジアよりも西洋においてその商品が購入されやすく満足度も高いが、商品の全体像に関するいくつかの組み合わせを提示しその中から選択できる場合、むしろ東アジアにおいてその商品が購入されやすく満足度も高い（de Bellis et al., 2019）。

## カテゴリー化

分析的・包括的思考の文化差は、事物をどのように分類するかにも表れている。チュウは、3つ組の写真セット（例えば男性、女性、子供）をアメリカ人の子供と中国人の子供の参加者に提示し、その中から相伴うような2つを選ぶよう求めた。結果は、アメリカ人の子供は、共有する特性やカテゴリーに基づいた選択（男性と女性の選択。理由：ともに大人だから）をしがちであったのに対し、中国人の子供は、二者の関係性の中で捉えられるものを選択しやすかった（女性と子供の選択。理由：母親［女性］は子供を世話するから）（Chiu, 1972）。

さらにジらは、このチュウの課題を言語化し、中国本土在住の中国人、アメリカ在住の中国本土もしくは台湾出身の中国人、アメリカ在住の香港もしくはシンガポール出身の中国人、そしてアメリカ在住のアメリカ人に対し、中国人には中国語もしくは英語で、アメリカ人には英語で提示することで、チュウの結果を追試するとともに、そこに言語がどのような影響を与えるのかを探索した（Ji et al., 2004）。アメリカ人と中国人の反応を比べると、アメリカ人よりも中国人は全般的に関係性に基づいた選択やその説明をする傾向が強く、しかもこの差は、英語で実験を行った中国人とアメリカ人の間にも見られた。つまり、使用された言語にかかわらず、チュウの結果と一致していた。

ジらのこの研究では、中国人参加者における言語の効果も検討された。中国本土や台湾出身の参加者は、居住地域にかかわらず、英語で呈示された群よりも中国語で呈示された群の方がより関係性に基づいた判断を行っていた。一方、香港やシンガポール出身の参加者は、中国本土や台湾出身

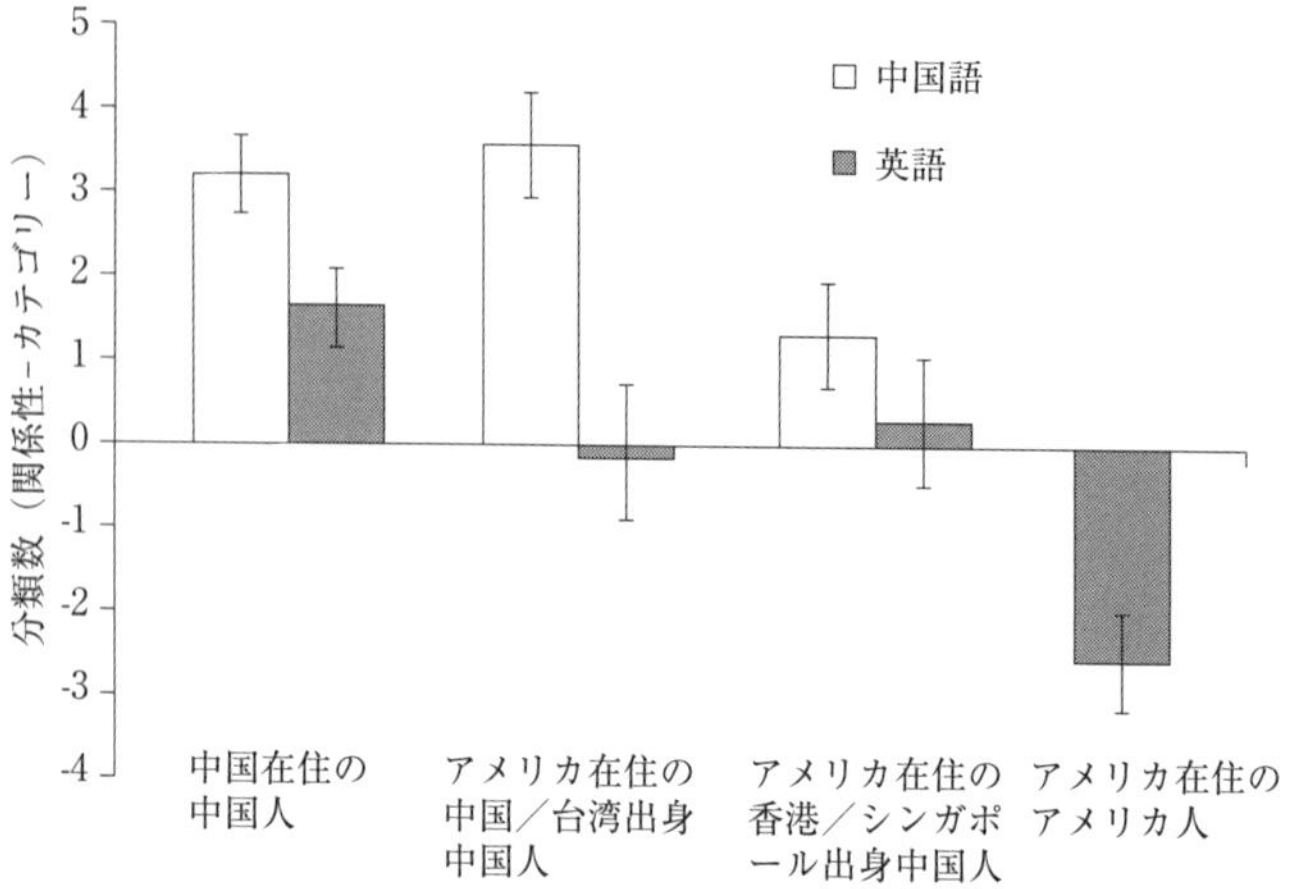


**図2-7**　分析的・包括的思考の文化差と言語。縦軸は関係性に基づく分類数からカテゴリーに基づく分類数を引いたもの（Ji et al., 2004）

の参加者と比較し、関係性に基づいた判断をする傾向は弱く、しかも言語の効果は見られなかった（図2-7）。ジらは、言語の効果に関して中国人参加者間で異なった反応が見られた理由として、第2言語（この場合は英語）を獲得する時期の違いを挙げた。つまり、中国本土や台湾に比べて、香港やシンガポールでは幼い時期から英語による教育が行われるため、英語は、中国語と同様に、香港やシンガポール文化に維持されてきたコミュニケーション様式の下で習得されていくと考えられる。よって、それぞれ言語に付随する表象は類似していると言えるだろう。一方、中国本土や台湾出身の中国人のように、英語を遅い段階から習い始めると、少なくともその学習はコミュニケーション様式と独立に行われるため、それぞれの言語に付随する表象も異なると考えられる。

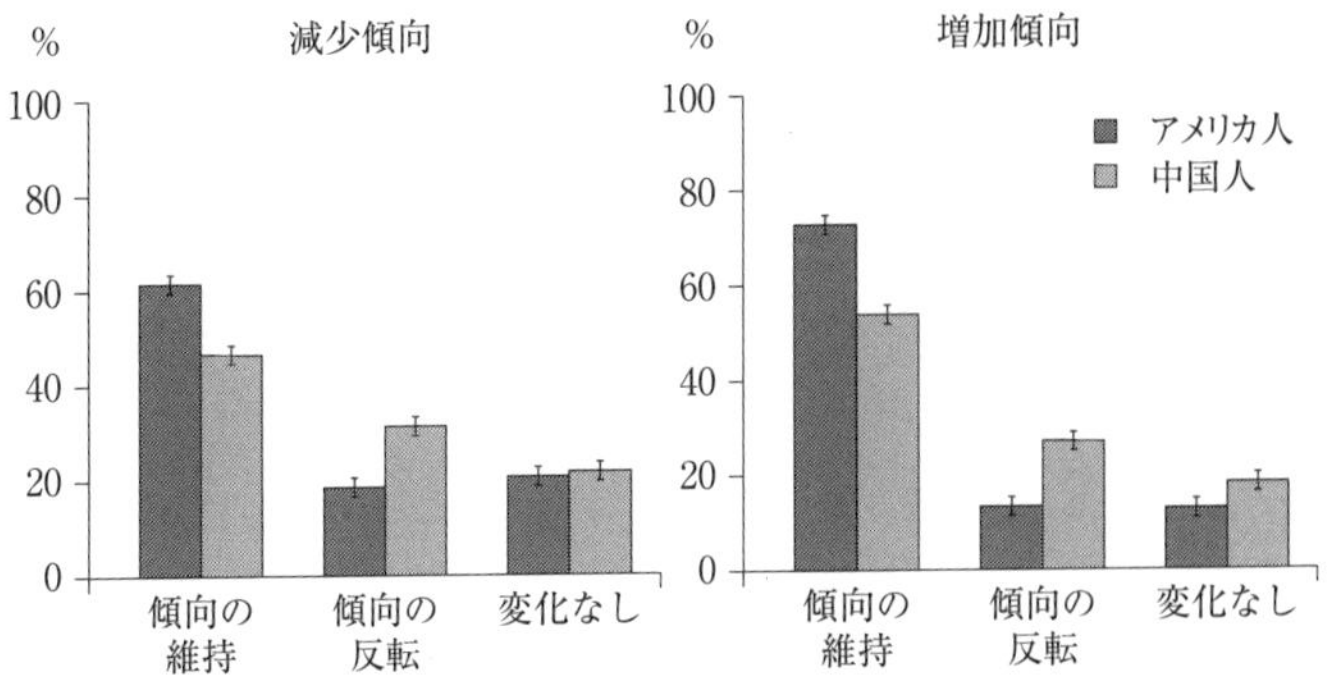


図2-8　未来予測の文化差（Ji et al., 2001）

## 変化と時間認識

分析的・包括的思考の文化差と関連し、事物の変化に関する認識にも差異があることが知られている。東アジアにおいて広く共有されている陰陽思想に基づくと、コインの裏表のように物事は良し悪しの面で両義的であり、その評価は流転する。「祇園精舎の鐘の声、諸行無常の響きあり……」で始まる平家物語、またことわざにもなっている「塞翁が馬」にもそのような見方が読み取れる。一方、欧米において物事の変化はより直線的に捉えやすい。そしてこのような変化の見方の文化間の差異は、物事の変化の予測にも表れている。ジらの研究では、例えば過去数年における収穫量の折れ線グラフを呈示し、それが未来にどう変化するかを予測させたところ、全体的にその変化の傾向が維持されると回答されやすかったものの、その傾向は中国人よりもアメリカ人において顕著だった（図2-8）。一方その傾向が逆になる（つまり過去では増加［減少］していたが、未来ではそれが減少［増加］に転じる）と回答する傾向は中国人において強く見られた（Ji et al., 2001)。

加えて、先述の社会的推論において言及したように、物事の判断において東アジア人のほうが多くの情報に注意を向け考慮しやすい。また物事は流転しやすいと考えやすいことも踏まえると、東アジア人のほうがさまざまな情報、とりわけ過去の情報を参照し考慮しやすいことが示唆される。その可能性に関連し、ジらは、カナダ人と比較し中国人は過去の情報を重要と考えしかもそれを記憶しやすいこと、また過去と今の結びつきを強く認識しやすいことを示している（Ji et al., 2009）。

## 感情の文化差

基本感情理論（Ekman, 1984）が示唆するように、一般的には基本感情（幸せ、驚き、恐れ、怒り、嫌悪、悲しみ）に対応した神経生理的な構造があると考えられている。例えば、その基本感情に対応した顔の筋肉の動かし方がある。「目が笑っていない」といった表現が用いられることがあるが、実際に大頬骨筋を収縮させて口角を上げるだけでなく、眼輪筋の外側の筋肉を動かして頬を持ち上げるといった組み合わせによって、その人物の幸せ感情（つまり笑っていること）は理解されうる。それに加えて社会・文化特有の表出や解読のルールがある。そのため、感情認識には文化普遍性と文化特異性の両面がある。

例えば、エクマンらは、西洋人のターゲット人物の示している感情を6つの基本感情のリストから1つ選択して回答する課題を用いて、10の国・地域において調査をした。いずれの国・地域においても各感情の正答率はチャンスレベル（この場合は6分の1）よりも高くなっていた。つまりどの文化の人々も基本感情を弁別することはできていた。しかし、恐れや嫌悪などの感情では、アメリカやイギリスと比較し、アジア（日本、香港、スマトラ［インドネシア］）で低くなっていた（Ekman et al., 1987）。このことは、内集団、つまり参加者と同じ文化的背景をもつ人物がターゲットのときのほうが、外集団、つまり参加者とは異なる文化的背景をもつ人物がターゲットのときよりも感情の弁別が正確になるといった内集団優位性の存在も示唆する。

ただし注意したいのは、エクマンらは、社会・文化特有の表出や解読の規則について取り上げているものの、それは彼らにとって感情に関わる神経生理的な構造を覆うベールのようなものである。彼らの主たる関心は、ベールの下にある普遍的な側面にある。一方、過去の文化心理学の研究は、その規則が文化的自己観と関連しており、しかも感情の表出や解読にかかわる文化内で共有されてきた暗黙の前提がさまざまなレベルで人々の感情の認識に影響を与えていることを示唆している。ここではまず感情の表出に関わる現象を取り上げる。そして、認知の文化差における知見と対応し、アジア人が包括的な感情認識をしやすいことを示したさまざまな知見に言及する。さらに、特に笑顔に焦点を当て、その含意が文化間で異なっていることを示唆する研究、最後に幸福についての素朴理論の差異についても紹介する。

## 表出のルールと文化差

先に紹介したエクマンらの知見でも感情認識における内集団優位性が示唆されたが、エルフェンベインらのメタ分析でもそれは明らかになっている（Elfenbein & Ambady, 2002）。彼らのメタ分析の結果は、表情を表出している人物とその表情が何を示しているかを判断する人物が異なる文化のメンバーである場合にも、おおむね感情は正しく認識されるものの、両者がともに同じ国、民族、地域のメンバーであるときの方がより正答率は高いことを示した。しかもこの現象は、文脈を最小限にし、表示規則（本人が実際に感じている感情に関係なく、特定の状況においてどのような表情を表出するべきか［または隠蔽・抑制すべきか］に関する一種の社会的な因習）による影響をほぼ取り除いた場合でも見られた。よって、この内集団優位性には、表示規則のみならず、文化的学習や文化的表出スタイル、感情概念の差異、感情認知の仕方の差異など、文化の日常的な慣習に関連したさまざまな要因が関連していると考えられる。

実際、基本感情に対応した表情筋のパターンがあるにせよ、その強弱のパターンの組み合わせのうち、どこを強調するのかに文化差があり、その結果として内集団優位性が生じる可能性もある。ジャックらは、眉を下げる、鼻に皺を寄せる、唇を鋭く引き上げるといった表情の動きをもとにした41のユニットを設定し、それぞれのユニットの動きを変化させ、それらのユニットを組み合わせて作成した４８００枚の動画をアジア人参加者と欧米人参加者に見せた（Jack et al., 2012）。参加者はそれらに対し、表出されている感情を基本感情の６つのうちから1つ選ぶとともに、その感情の強度についても報告した。そしてその回答をもとに、ジャックらは、アジア人および欧米人にとっての各表情の心的表象を視覚化することを試みた。そのように視覚化された各感情に対応した「モデル」表情をアジアと欧米で比較したところ、欧米人の表情のほうがアジア人のそれよりも、表情は各感情で弁別されたものになっていた。また幸せ、恐れ、怒り、嫌悪に関して、アジア人のモデル表情は、目の周りの表出が特徴的であり、それらの感情の強さと関連していた。このような特徴は、絵文字に着目し、日本ではその目の部分の描写の変化によってさまざまな感情やその強度を伝える一方、アメリカではむしろ口の部分の描写の変化によってさまざまな感情やその強度を伝えることを示した結城らの研究（Yuki et al., 2007）と合致するものである。

なお、コロナ禍の影響によって、日常的なマスクの使用への関心から、マスクの有無と感情認識に関する研究も進められてきている。例えば、齊藤らは日米比較を通じその点を検討したところ、幸せ表情を認識する際、アメリカではマスクの着用によってその認識が低下したのに対し、日本ではその影響が見られなかった。これは幸せ表情に対して、アメリカ人は口の周辺の情報をより重視しやすく、一方で日本人は目の周辺の情報をより重視しやすいことの表れであると考えられる。しかし恐怖表情に対してはそのような文化差は見られなかった。むしろアメリカ人ではマスク着用時のほうが恐怖表情をより認識できる傾向が見られた（Saito et al., 2023）。よって一概にどの表情でも目または口を重視した表出とそれを手がかりとした認識傾向があるわけではなく、表情に応じた表出のルールに着目した議論が必要である。

また基本感情とは異なるが、ツァイたちは、各文化には、その価値観に対応して「人々が感じたい、望ましいと思っている」感情があることを示している（Tsai et al., 2006, 2007）。特にそのような理想の感情として欧米では覚醒度の高い肯定的な感情（例えば活気に満ちている、大喜びしている）が、一方東アジアでは覚醒度の低い肯定的な感情（例えば穏やか、リラックスしている）がそれぞれ考えられている。そして各文化ではそのような理想の感情を表出するようにも動機づけられている。ツァイらの研究では、覚醒度の高い肯定的な感情を重視する文化ほど、その文化における政治家や経営者はその理想感情に応じた明瞭な笑顔を表出しやすいことを示した（Tsai et al., 2016）。政治家や経営者として重要な資質には文化共通性と差異があり、実際表情の印象からそのような資質に合致した特性が高いと思われる人物ほど、たくさんの投票を得ることができたり、またその会社の収益が高くなったりすることが知られている（Rule et al., 2010, 2011; Na et al., 2015）。ツァイらの研究からは、文化において重視されている感情表出をすることがその人物の印象を良いものとし、その結果有益であるといった暗黙の知識が存在していることがうかがわれる。

## 感情についての暗黙理論を反映したアジアにおける包括的な認識

顔は心の窓と言われる。これに基づくと、表情として表出される感情は、その人物の心的状態を示しており、他者はその表出からその人物の感情を推測する。しかもその表出された中身を通じ、自身もその感情を理解する可能性がある。トイレで手を洗い、ふと顔を上げたときの鏡に映った自分の表情からいかに自分が疲れているかを知るということは往々にしてある（それだけこの原稿に悪戦苦闘しているということだ）。ただし鏡もないような状況で，顔の何らかの筋肉の動きを伴っている表情の表出やその表出に対する解釈は，どの程度自身の感情状態の認識に影響を与えるのだろうか。レヴェンソンらの先行研究は，個人の感情表出や解釈における暗黙の前提，つまり「顔は心の窓」と考えられているその程度に文化差があり，結果として自身の感情状態の認識にも差異が生じることを示唆している。

レヴェンソンらは，アメリカ人およびスマトラ（インドネシア）の参加者に幸せ，怒り，恐れ，嫌悪，悲しみに対応した表情の筋肉のパターン（例えば，幸せであれば，眼輪筋と大頬骨筋を動かす）を作らせ，そのときの自律神経系の反応を測定するとともに，現在の感情についても報告させた。その結果，いずれの文化でもその自律神経系の反応に感情間で明確な違いが見られた。一方，主観的な感情報告では文化差が生じた。アメリカ人は顔面筋のパターンに応じた感情を報告しやすかったのに対し，スマトラ（インドネシア）の参加者ではそのような傾向は見られなかった（Levenson et al., 1992）。基本感情理論に基づくと，自律神経系の反応を惹起する神経生理的な構造に対応した主観的な感情の経験が前提となる。しかしこの結果はその前提がどの文化の人にも当てはまるわけではないことを示唆する。スマトラ（インドネシア）において相互協調が重視されているとするならば，人々は，むしろその感情が生起した際の社会的状況や文脈の性質を考慮しながら，その自律神経系の反応が示す内的感覚を再構成し，感情を認識するのだろう。その結果，自律神経系の反応と主観報告との間に関連がなかったと考えられる。

このレヴェンソンらの知見において、アメリカ人では表情筋のパターンに対応した内的な感覚に基づく主観的な感情の理解が生じていたが、これは自身に対する理解のみならず、表情を通じた感情の表出に関する彼らの暗黙的な前提とも関連している可能性がある。一方で、スマトラの人々にはそのような傾向は見られず、むしろ内的感覚に加えて社会的状況や文脈の性質を考慮した感情の理解がなされている可能性が推測されたが、これもその文化における顔の感情表出についての暗黙的な前提と対応しているかもしれない。そのような暗黙的な前提が洋の東西で異なる可能性は、先の節で紹介した注意配分に関する文化差、つまり文脈情報にどの程度注意を向け、それをどの程度まで考慮するかの文化差と対応するものであり、実際に以下で紹介する一連の研究はそのような可能性を支持する。

増田ら（Masuda et al., 2008）は、日本人とアメリカ人参加者に対し、幸せ、怒り、悲しみのいずれかの表情を表出しているある人物の描画を示し、その感情の程度を評定させた。その際、その評定対象の人物は中心に置かれており、その左右には中心人物と同じ感情または異なった感情を示している4人の人物が描かれていた。もしもアメリカ人における感情表出の暗黙の前提がその人物の内的な感覚の表れであるのなら、周囲の人物の感情表出との一致・不一致による影響は受けにくいだろう。一方、日本人の場合、もしもその感情表出と内的感覚との結びつきが弱く、むしろそれが置かれた社会的文脈を考慮した暗黙の前提が優位であるなら、この周囲の人々の感情表出との一致・不一致を手がかりとした判断がなされやすいだろう。増田らの結果はこの予測と一致するものであった。特に中心人物の幸せの評定において、周囲の人物が幸せを示しているときよりもそれが怒りや悲しみを示しているときにその中心人物の幸せ感情を割り引き、低く評定する傾向は、アメリカ人ではほとんど生じなかったのに対し、日本人では顕著に見られた。

また増田らの研究は、ある人物の表情を評定する際の周囲の人物の表情による影響を検討したが、日常のコミュニケーションにおいて感情は顔のみならず、声や体のポーズ等のさまざまな様式を通じて表出されている。このことを踏まえると、ある人物の表情を判断する際に、他の様式を使って表出されている感情の情報をどの程度考慮するのかにも文化的差異があるかもしれない。具体的には、欧米における人々と比較し、アジアにおける人々のほうが対象人物の感情（例えば顔に表出された感情）を包括的に理解しようとするかもしれない。

田中ら（Tanaka et al., 2010）は、日本人とオランダ人参加者に対して、幸せまたは怒り表情を示した人物がある中性的な内容の文章を幸せまたは怒りの声の調子で読んでいる動画を示した。参加者は、その声の調子は無視しその表情の幸せ・怒りについての判断か、またはその表情は無視しその声の調子の幸せ・怒りについての判断かのいずれかを行った。そして各判断において、参加者がどの程度無視すべき情報を無視できなかったかに着目した。表情と声の感情が不一致の場合は一致の場合よりもそのような無視すべき情報による干渉効果が生じやすいため、正答率がより低くなると考えられる。田中らの結果はその傾向と一致し、しかもそのような不一致の情報による正答率の

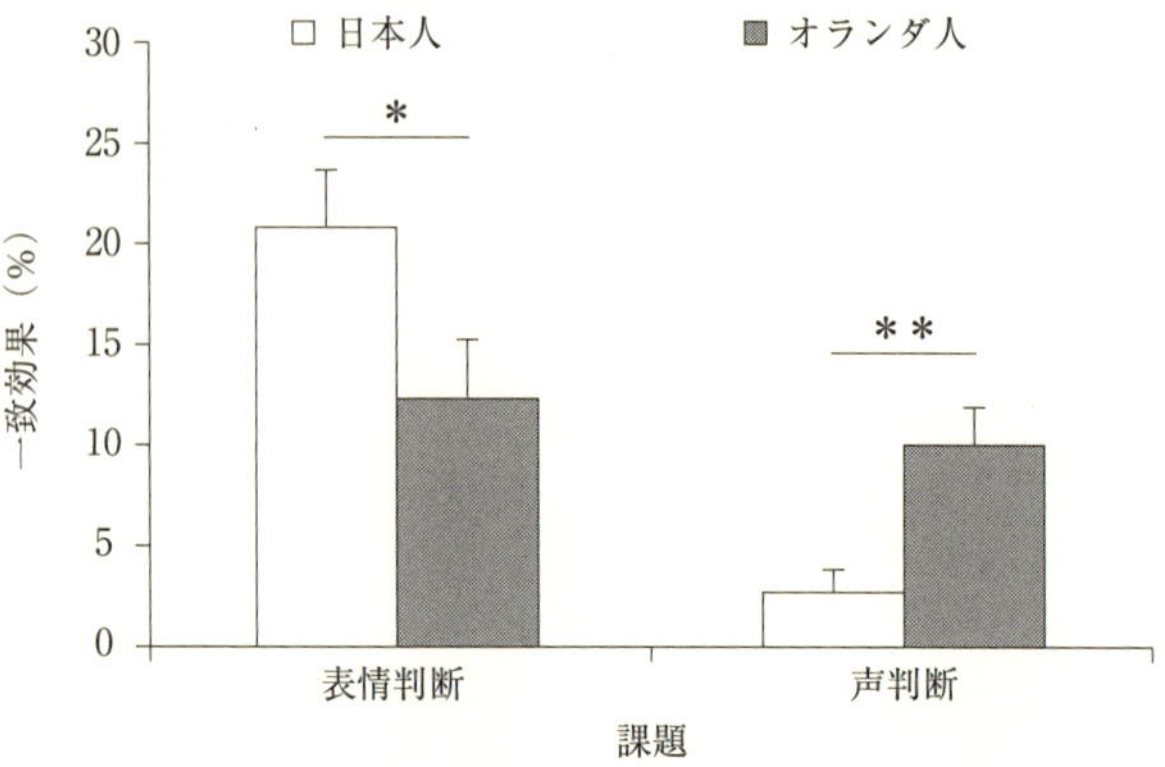


図２-９　無視すべき声や表情を無視できるか。一致条件と不一致条件の平均正答率の差を一致効果としている。$^{*}p < .05$, $^{**}p < .01$ (Tanaka et al., 2010)

影響は、日本人の場合、表情の判断において顕著であった（図２-９）。つまりオランダ人と比較し、日本人は表情の判断の際につい無視すべき声の調子に注意を向けそれによる影響を受けやすかった。一方で、日本人と比較し、オランダ人は表情に対して注意を向けやすく、その結果、声の調子の判断においで無視すべき表情を無視できなかった。この田中らの結果は、アジア人（日本人とフィリピン人）とアメリカ人を対象に感情的発話の理解についての一連の研究を行い、その発話の意味の快・不快の判断の際に無視すべき声の調子による干渉効果がアジア人において顕著であることを示した石井らの知見（Ishii et al., 2003）とも合致する。

これまでに紹介した研究は、他者の表情の理解にあたって、アジア人はさまざまな手がかり、例えばその他者と一緒にいる他者の表情やその他者が示す表情以外の他の様式を通じた感情を考慮しやすいことを示している。特に他の様式による影響に関しては、声の調子のみならず、体のポーズによる影響も知られている。カナダ人と日本人を対象とした研究では、ある人物の表情を判断する際、その表情とポーズが示す感情が不一致の場合に一致のときと比べ正答率が下がったが、その傾向は日本人において顕著であった（Bjornsdottir et al., 2017）。

## 笑顔の消失に対する敏感さ

アジアにおける人々は、欧米の人々と比較し、さまざまな手がかりに注意を払いそれを考慮しやすいが、このような包括的な感情の認識は、その文化において優勢な価値観である相互協調ともかかわっていると考えられる。特に、その文化において感情の表出は相対的に曖昧であり、むしろそれをコントロールすることが重視されている。そのため、さまざまな様式による表出やその人物が置かれた状況や文脈を考慮した感情認識が必要とされる。一方、関係性の維持が重要とされる相互協調的な文化では、その維持がうまくいかないことの不安、さらには他者から承認されるかどうかについての懸念等も高い。

社会的動物として非血縁間での集団生活を営んできたヒトという種全般の傾向として、円滑な対人関係は重要であり、その目的のために他者が示す表出に対して敏感であると考えられる。特に他者が示すネガティブな感情の表出は、自身の行為がその他者の期待を裏切ったりその関係性を逸脱するものであったりすることを示すサインである可能性はあり、それを見逃さずに適切な対応をす

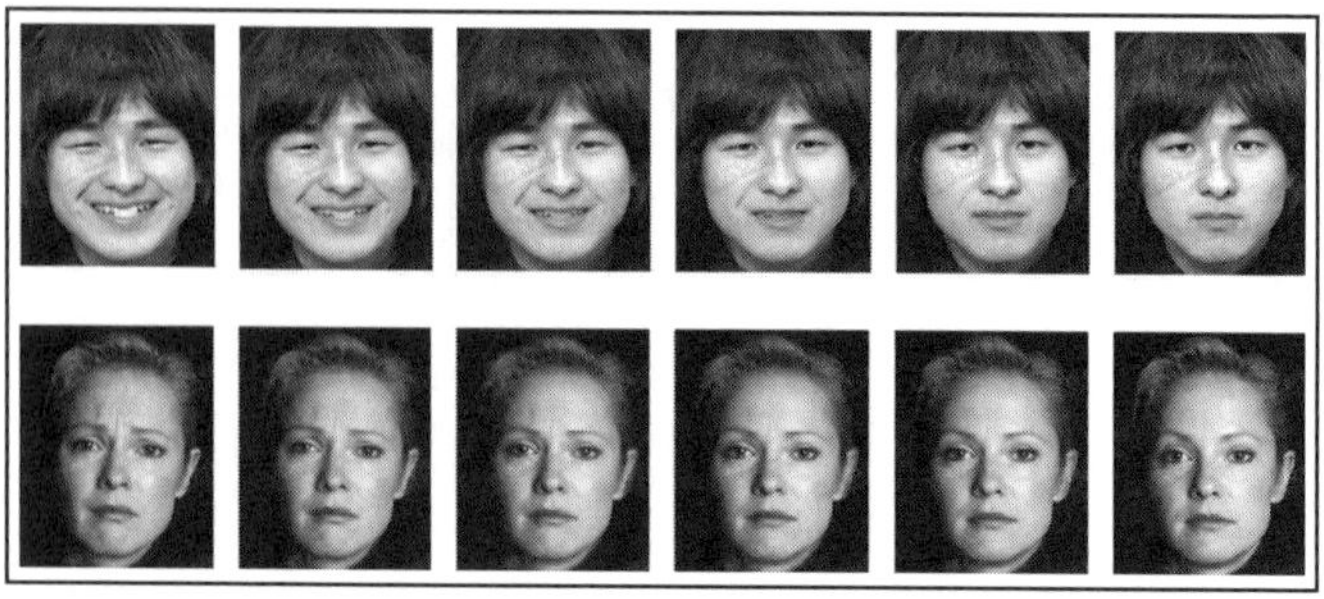

図２-10　実験で用いられた動画の例（Ishii et al., 2011）

るのが望ましいだろう。そして特にアジアにおいて重視されている相互協調性を踏まえると、このようなネガティブなサインに対する敏感さは、アジア人において顕著であると考えられる。

石井らは、他者が示すネガティブなサインとしてその笑顔の消失に着目し、最初に示された笑顔または悲しみ顔がだんだんと消え中性的な表情へと変化する動画に対する反応を日米で比較した（Ishii et al., 2011：図２-10）。参加者は、最初にその動画を一通り見たのち、最初に示されていた感情が消えたと思ったらボタンを押すよう求められた。笑顔または悲しみから中性的な表情へと至る動画のどの位置でそのボタンが押されたかに関して分析をしたところ、悲しみ顔が消えたという判断は若干日本人のほうが遅くなっていたが、その文化差は統計的に意味あるものではなかった。一方で、笑顔が消えたという判断は、予測と一致し、日本人はヨーロッパ系アメリカ人よりも速かった[1]。つまりヨーロッパ系アメリカ人がその他者はまだ笑顔を示していると思っていても、日本人はもうそれは笑顔ではないと判断していたと言える。

さらに、石井らの結果は、この笑顔の消失の文化差が愛着の不安傾向、つまり親しい他者に嫌われたり見捨てられたりすることの不安の文化差によって媒介されていることも示した。つまり日本人はアメリカ人よりも愛着の不安傾向が高く、そしてその不安傾向が高い人ほど、笑顔が早い段階で消えたと判断していた。この石井らの日本人の知見は、異なった刺激を用い、ポジティブおよびネガティブ感情の表出に対する敏感さも検討した池田によっても確かめられている（Ikeda, 2020）。池田においても、不安傾向が高い日本人ほど、笑顔の消失を早い段階で報告し、一方ネガティブな感情の表出も早い段階で報告しやすかった。

この石井らの研究によれば、それなりの笑顔であったとしても日本人は笑っていないと判断しやすい。よって、他者をある意味警戒しており、そのポジティブな感情状態の範囲を狭く捉えていると言える。その一方で、まさに今の表情が笑顔かどうか判断するにあたり、人は意識することなくその直近の表情を手がかりとし、それとの比較を行っている。そしてこのような直近の表情との比較の連続が「表情が消えた」という変化の知覚を可能にしている。石井らの研究では、変化の知覚そのものの文化差について明らかになっていないが、1つの可能性として、最初に出てきた表情（例えば笑顔）と現在のだんだんとその表情が消えたものとを比較し、その消失を過度に評価するような対比効果が日本人でより生じやすいのかもしれない。実際そのような対比効果はオランダ人よりも中国人に顕著であることが近年ファンらの研究（Fang et al., 2021）で示されている。

## 幸福に関する素朴理論

幸せとは何か。それは何によって決まるのか。私の好きな作家の１人である、アルベール・カミュ（Albert Camus）は、You will never be happy if you continue to search for what happiness consists of. You will never live if you are looking for the meaning of life.（幸福とは何かを探求し続けるなら、幸福になれない。人生の意味を探求していたら、人は生きられない）と述べている。私個人はこの意見に心から賛同するが、幸福を科学的に理解しようとすることへの社会的要請は大きく、近年、さまざまな研究が進められている。実際その私的な信条はさておき（幸福になれるかどうかは気にせず）、後述のように研究者としての私は、日本人の幸福感の遺伝的基盤に関する研究にまで手を染めている。

話を戻すと、幸福を決める１つの大きな要因は、経済の豊かさである。豊かな国ほど人々の幸福感（特に自分の人生に満足している程度）の平均値は高い（Diener & Biswas-Diener, 2002）。しかし注意したいのは、経済の豊かさは主要な要因ではあるものの、それだけでは説明できない点である。例えば、世界価値観調査の結果に基づくと、ロシアを代表とする旧共産主義圏は、東アジアや欧米（歴史的にプロテスタントが優勢な社会）と比較し、全般的に人々の人生満足度は低い。しかし旧共産主義圏では経済の豊かさの効果が強く見られ、その中で豊かな国ほど（例えばチェコやポーランド）、相対的に人々の幸福感も高い。一方、欧米では経済の豊かさの効果がほぼない（Inglehart & Klingemann, 2000）。さらに、経済の豊かさと人生満足度との結びつきは、経済的格差の大きい国ほど弱くなる（Oishi & Kesebir, 2015）。

加えて、経済の豊かさのみでは説明できない理由として、そもそも幸せの意味が文化間で異なっている可能性も挙げられる。日米の参加者に「幸せにはどういった面があるか」「何によって幸せを感じるか」を尋ねることで幸せの特徴を抽出した研究（Uchida & Kitayama, 2009）では、まず文化に共通したいくつかの要素を見いだした。それは、肯定的な感情（例えばよい気分）、個人的達成（例えば仕事や課題を首尾よく終えた、成功した）、関係性の調和（例えば恋愛関係がうまくいっている）、社会関係への悪影響（例えば人から妬ましく思われる）、超越的・俯瞰的認知（例えば儚いもの）であった。次にこれらの要素間の関係やその頻度を見てみると、いくつかの文化的差異が見出された。アメリカでは肯定的な感情と個人的達成の2つの要素間が大きく重なり、それらの強い関係がうかがわれたのに対し、日本では肯定的感情と関係性の調和の2つの要素間が大きく重なり、それらの強い関係がうかがわれた。そして社会関係への悪影響や超越的・俯瞰的認知に言及する程度は、アメリカよりも日本において強く見られた。これは先述の陰陽思想に関連した両義性と変化の認識（つまり幸せは不幸に転じうること）に大きく重なるものである。そしてこのポジティブ感情に対する両義的な信念の文化差は、Miyamoto and Ma（2011）でも報告されている。

# 自己の文化差

先述のとおり、自己についての通念（文化的自己観）は特に洋の東西で顕著に異なる。そしてその相互独立-相互協調という枠組みは、各人がもつ自分についての表象、つまり自己とは何かの理解にも影響を与える。カズンズはこの点に関して"Who am I"テストを用いて検討した（Cousins, 1989）。これは"I am …"（日本語の場合は「私は〜です」）の形式で、思いつくまま自己記述をしてもらうものである。実際皆さんもこの実験に参加しているとして、自分について「私は〜です」の形式で思いつくまま5つ書いてみるとしたら、どんな内容になるだろうか。もしそれを書き終えたら、今度は「大学での私は〜です」という文章で自分について思いつくまま5つ書いてみよう。この「大学」の部分は職場等の現在の所属先に置き換えて全く問題ない。

これは非常に簡単なテストであるため、私自身、授業でよくデモンストレーションの一環として用いる。よくある回答は、「私は名古屋大学の学生です」といった社会的な属性やメンバーシップに関するものであり、「私は正直です」といったような性格特性を書いたかどうか尋ねると、何らかの特性を書いたと答える人数は多くの場合半数に満たない。手を挙げさせると、性格特性を書いたといってもその多くが1つの文章のみといった感じである。もちろん個人差はあるので、性格特性を多く書く人もいると思うが、おおむね皆さんの結果もだいたいそんな感じだろう。そして実際のカズンズの研究結果も、アメリカ人と比較し、日本人は自分の性格特性を述べる割合が低く、代わりに社会的な属性やメンバーシップについて言及する割合が高かった。

一方で、カズンズの研究では、「大学での私」のように何らかの状況や文脈がある場合、むしろ日本人のほうが性格特性を述べる割合が高くなった。状況や文脈のない、いわば抽象的な「自分とは何か」を考える際、そこに表れてくるのは、「自己＝他から切り離されたもの」から「自己＝他と根元的に結びついているもの」で説明される自己の表象である。「自己＝他から切り離されたもの」と考えているのであれば、自分そのものとして表現できる部分、特に性格に代表されるその特性に基づくもので表現しようとするだろう。一方、「自己＝他と根元的に結びついているもの」と考えているのであれば、自分が何に属しているのか、どういったネットワークにいるのかといったところから自分を表現しようとするだろう。そしてこのような相互協調的な自己観の場合、何らかの所属のもとで自分とは何かを初めて定義できることも考えられる。例えば、「私は名古屋大学の学生です」というような場合、名古屋大学の学生としてアカペラサークルに所属していて、そこでは常に一緒に音合わせをしている4名のグループのリーダーを務めているとしたら、そのような日頃のふるまいから自身を内省したときに「大学での私」は「責任感が強い」「怒りやすい」といったようなその特性を挙げやすいだろう。また「自己＝他から切り離されたもの」と考えているような場合、その私が置かれた状況や文脈は、時として自己表現を阻害するものと位置づけられ、特性をもとに自分を認識するのがむしろ難しくなるのかもしれない。

自分で自分を「正しく」認識するのは難しい。おそらく不可能である。自己とは何かを理解する方法として、前述の内省に加え、社会心理学の知見に基づくと以下の２つが挙げられる。１つが自己知覚（Bem, 1972）である。他者を理解するのと同じように、自分の行動に基づいて自分を理解するといったものである。これに関連した研究では、ヘッドフォンのテストと称して、ある参加者には首を縦にふってもらい、別の参加者には首を横にふってもらいながら、ラジオから流れるある主張を聞いてもらった（Wells & Petty, 1980）。その結果、賛成する度合いは、首を横にふる参加者よりも、縦にふり続けている参加者において高くなった。首を縦に振るといった行為を他者がした場合、それは他者の賛成を示すだろう。そのような理解を自分に当てはめることで、自身もそれに賛同していると理解するのである。もう１つが社会的比較（Festinger, 1954）である。自分の理解が難しい理由の背景には明確な基準がない点が挙げられる。そのため人は類似した他者をその基準点と据えて比較しようとする。

これらの方法は他者の視点を通じて自己を理解しようとする点で共通している。しかしこの「他者の視点」をそもそも正しく認識することができているのかという問題がある。そしてここでの「他者の視点」は、自分が自分をどう感じているのかの表れにすぎず、しかもその「他者の視点」についての推測は多くの場合不確かであり、さらに言えばそれが不確かであることにも無自覚で、それゆえに修正が難しい。例えば、実験者に指示され、エルヴィス・プレスリーのＴシャツを着せられた参加者は「うわ、こんなものを着ていたらみんなそれに気づくだろう」と思いやすいが、実際にそれに気づいた他の参加者は少数だったといったギロヴィッチの研究（Gilovich et al., 2000）が示す通りである。

このようにしてみていくと、自己は他者という「かかし」を見立て、派手に立ち向かっているようである。結局のところ自己は正しく認識できないにもかかわらず、他者から見た自己を気にする。つまりどう自己を見せるのかが大きな問題であり、それぞれの文化における自己観、さらにはその慣習によって、どのように自己を示したらいいのか、その期待された適切なやり方があるように思われる。以下ではそのような自己呈示を通じて自己をどう評価し動機づけるのかについての文化差を紹介する。

## 自己高揚と自己批判

「良い」自己はどのようにして達成されるだろうか。相互独立、つまり「自己＝他から切り離されたもの」と考えているような場合、そのような自己観が文化において期待され、他者一般もそのように考えているとするなら、自分の「良さ」を明示的に示さない限り、その「良さ」は伝わらない。そして切り離された自己という前提のもとでは、その良さは自身の内面に関するもの、具体的には性格や能力といった特性に基づくだろう。よっていかに性格や能力の面で自分が優れているのかといったその「良さ」を自身に認め、それを呈示することが重要である。

これに対し、相互協調、つまり「自己＝他と根元的に結びついているもの」と考えているような場合、そのような自己観が文化において期待され、他者一般もそのように考えているとするなら、その関係や所属集団内で「良い」とみなされていることに合致していくことが自分の「良さ」になるだろう。その中で何が「良い」とみなされているかを推測しそれを達成することが期待されるような場合、自分の至らないところに注意を向け、その期待の達成に向けて努力し、自己を改善していくことが求められる。

この相互独立的自己観に基づくモデルは、社会心理学の教科書においてあたかも普遍的な人の心理傾向として書かれている自己高揚動機や自己高揚呈示からも明らかである。しかし東アジアではそのような傾向が生じにくい。もちろんそのような東アジアにおける傾向には、建前としての謙遜が反映されている可能性は大いにある。自身の関係のネットワークを重視し、その中でどう思われるのかを気にするからこそ、優れた自己は出さないのかもしれない（「能ある鷹は爪を隠す」という諺がわかりやすい）。重要なのは建前の場合であっても、それは自己を取り巻く関係や所属集団を意識した反応であり、そのような関係内の他者の期待を踏まえる行動の必要性は、無自覚のうちに自分の至らなさに注意を向けた自己改善動機を促すことすらあるという点である。

例えば、ハイネら（Heine et al. 2001）は、日本とカナダの大学生に対し、ある架空のテストの成功ないしは失敗のフィードバックを与えたのち、類似のテストに取り組むチャンスを与えた。そして参加者がそのテストに自発的にどれだけ取り組もうとするかを調べた。その結果、カナダ人参加者は成功のフィードバックが与えられたときのほうが、一方日本人参加者は失敗のフィードバックが与えられたときのほうが、それぞれ長い時間取り組んだ。このことは、成功経験とは自分の優れた能力を示唆するものであり、それを再度確かめ維持しようとする動機がカナダ人において優勢であった一方、失敗経験を通じた自己改善動機が日本人において優勢であったことを示す。

## 制御焦点の文化差

このような成功（ポジティブ経験）に注意を向けるのか、または失敗（ネガティブ経験）に注意を向けるのかの文化差は、制御焦点における文化差も示唆する。制御焦点理論（Higgins, 1998）は、成功や利益に代表されるポジティブを得ようとする行動活性と、失敗や損失に代表されるネガティブを避けようとする行動抑制を想定している。そしてポジティブやネガティブ情報に対する記憶成績などに着目した浜村らの研究（Hamamura et al., 2009）から、カナダ人において行動活性が、日本人において行動抑制がそれぞれ優勢であることが示されている。

この行動活性や行動抑制は、日常生活における意思決定とも関連している。例えば、糸ようじの定期的な使用は虫歯を防ぐ働きがあり、歯の健康に役立つが、その使用を促すためにはどんなメッセージが適しているだろうか。ウスクルたちは、イギリス人の大学生と東アジアからの留学生に対して、行動活性を促すようなメッセージ（糸ようじを継続して正しく使用することで健康な歯が保たれる）と、行動抑制を促すようなメッセージ（糸ようじを使わないと食べカスが残ってバクテリアが繁殖し、歯が悪くなる）を用い、どちらがより糸ようじの使用を促すかを検討した（Uskul et al., 2009）。

そうしたところイギリス人大学生では行動活性を促すメッセージが、東アジアからの留学生では行動抑制を促すメッセージがそれぞれより効果的であった。

スポーツにおける意思選択においても、行動活性や行動抑制は表れている。例えば、野球の戦術として進塁を目指した犠牲バントはローリスク・ローリターンのものと位置づけられる。これに対しホームランの一発狙いはハイリターンである一方、大きく振っていくために三振になりやすくチャンスをつぶすといったハイリスクの選択でもある。昨今、戦術的に「フライボール革命」といったフライを打ったほうがヒットになる確率が高いという考え方が浸透してきている。私が東京ドームに通っていた頃（その先に見える学校にも通っていたのだが）、２番打者として犠牲バントを重ね、最終的に世界記録を打ち立てた選手がいたものだが、30年遅く生まれていたらおそらくプロ野球選手として大成しなかっただろう。このように野球の戦術の時代的変遷があるにもかかわらず、２００５年から15年の統計を見ても、日本のほうが犠牲バントを多用するのに対し、アメリカではむしろホームランや三振の率が高い。

さらに野球のルールを知っている日米の成人に対して、さまざまな場面における戦術の選択をさせたところ（例えば、８回裏１点差で負けているが、１アウト３塁、ボールカウントは２ボール１ストライクのとき、打席のあなたはホームランを狙ってバットを振っていくか、それともスクイズをするか）、ローリスク・ローリターンの戦術（先の例ではスクイズ）よりもハイリスク・ハイリターンの戦術（先の例ではホームランを狙ってバットを振っていく）を選択する傾向は日本よりもアメリカにおいて顕著であった。しかもこの文化差は行動活性と行動抑制の文化差によって説明された。つまりアメリカ人は日本人よりも行動活性の傾向が強く（そして行動抑制の傾向が弱く）、行動活性が強い個人ほど（そして行動抑制の傾向が弱い個人ほど）ハイリスク・ハイリターンの戦術をより選択しやすかった（Chuang et al., 2021）。

## ユニークか協調か

「自己＝他から切り離されたもの」である場合、自身とは何か、自身はどんな考えをもっているのかを他者に示し伝えることが重要である。特に人々が互いにそのような自己観を持っているような場合、そのような明示的な表現や呈示をしない限り、他者には伝わらないし、またそうした表現や呈示なしには他者もあなた自身のことを知りようがないからである。この表現や呈示にあたって、自己の良い特性に注目することは先程述べたとおりである。加えて、他から切り離されているということは、制約がない、つまり自由であることを意味する。そのため相互独立的自己観に付随するものとして、自由な選択による自己表現が挙げられる。特に、他とは異なるユニークな自分を表現することに価値が置かれる。一方、「自己＝他と根元的に結びついているもの」と考える場合、その他者との協調性は調和を重視した表現の重視を促すと考えられる。

キムとマーカスは、ユニークか協調かの差異をさまざまな方法を用い検討した（Kim & Markus, 1999）。以下のような場合を想像してほしい。あなたは今、羽田空港の搭乗口で搭乗に際しての案内を待っている。時間はまだある。そんなとき、ある大学の調査チームがやってきて、簡単なアンケート調査に答えてほしいと声をかけてきた。時間がまだあるので、協力しますよと答えたところ、ありがとうございますの声とともに、ではこちらからペンをとってくださいと5本のボールペンを見せられた。オレンジ色の柄のものが4本、緑色の柄のものが1本ある。いずれも黒色のインクである。選んだペンを使ってアンケートに回答した後、そのペンはお礼としてもらうことができるとのことだ。では、あなたはどのペンを選んでアンケートに回答しようとするだろうか。

この実験で見たいのは、参加者がそのアンケートにどんな回答をするのかではなかった。実際のところ、参加者のうちどのくらいが少数派の柄のペンを選び、そこに文化差はあるのかという点であった。彼らはサンフランシスコ国際空港において、ヨーロッパ系アメリカ人や東アジア人に声をかけて、そのペン選択のパターンの文化的差異を調べた。上記の例のような4本と1本の対比に加え、3本と2本の柄の対比の場合も含まれた。その結果、4本と1本の対比の場合、その1本の少数派の柄をヨーロッパ系アメリカ人参加者の77％が選択したのに対し、東アジア人参加者では31％しか選択しなかった（図2-11）。3本と2本の対比の場合も、少数派の柄を選択したのは71％のヨーロッパ系アメリカ人参加者と15％の東アジア人参加者で、同様の傾向であった。つまりユニークなペンを選択するのは、総じてヨーロッパ系アメリカ人参加者において顕著だった。

一方、このようなペン選択の仕方は、参加者の好みの反映というよりも、状況の定義の仕方の文化的差異に基づいている可能性がある。特に相互協調的自己観の1つの表れとして、自身の関係の

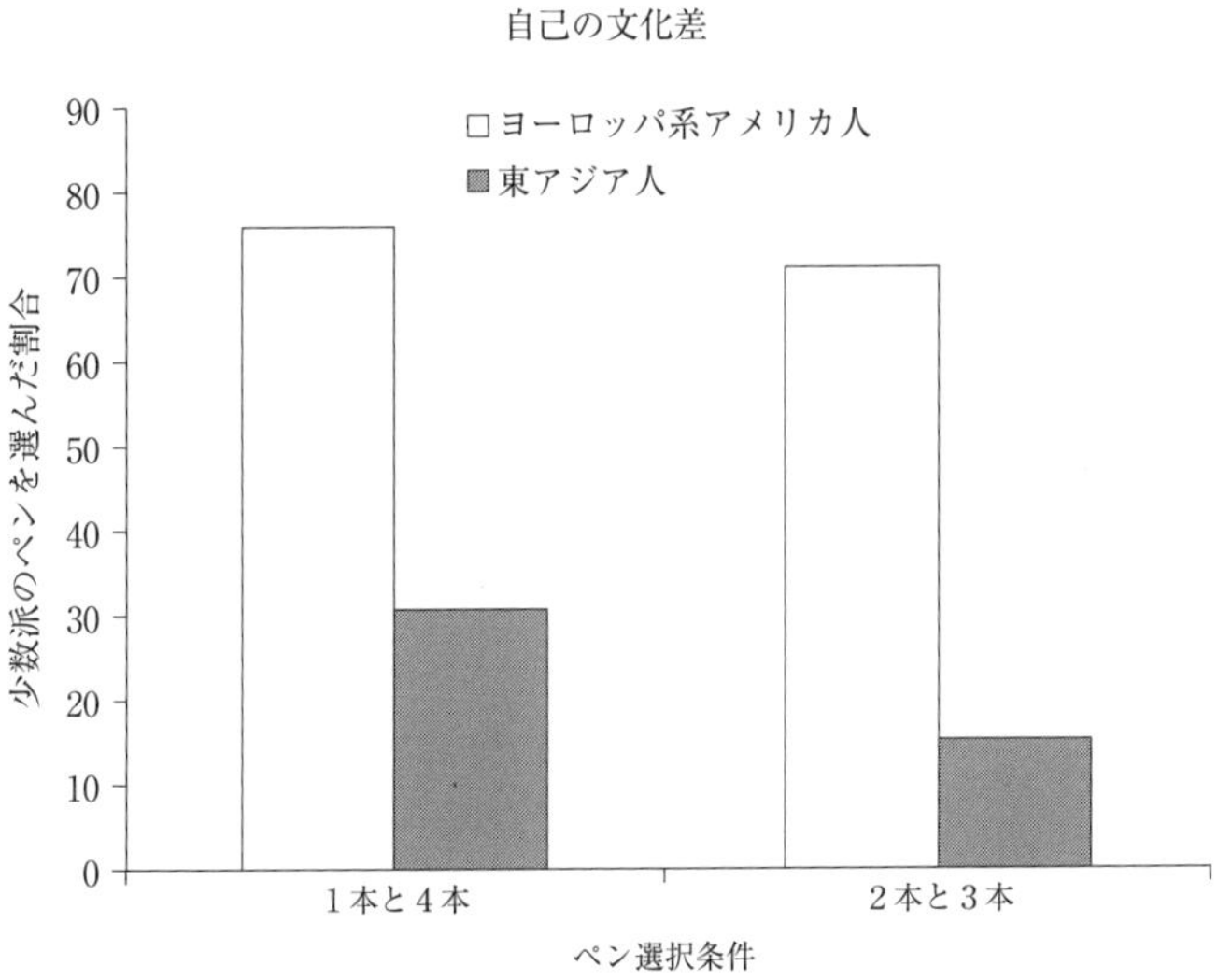


図2-11　ペンの選択における文化差（Kim & Markus, 1999）

ネットワークを重視し、その中でどう思われるのかを気にするのであれば、自分の選択による周囲への影響をつい考えてしまうかもしれない。この場合、もし自分がユニークなペンを選択してしまったら、次の人を困らせてしまうかもしれないし、また周囲の人から変なふうに思われるかもしれないとつい思ってしまい、その結果、無難に多数派のペンを選択してしまうだろう。

山岸ら（Yamagishi et al., 2008）は、日米の参加者に対して、上記に例示したようなアンケート調査と称したペン選択の場面を呈示し、5本のペンのうち自分だったらどれを選ぶか尋ねた。次に参加者には、同様の場面でありながら、このアンケート調査にはあなたを含めた5名がおり、実験者から「あなたに最初にペンを選択してもらう」旨が伝えられたときに、自分だったらどのペンを選択するかを尋ねた。さらに参加者には、もしも実

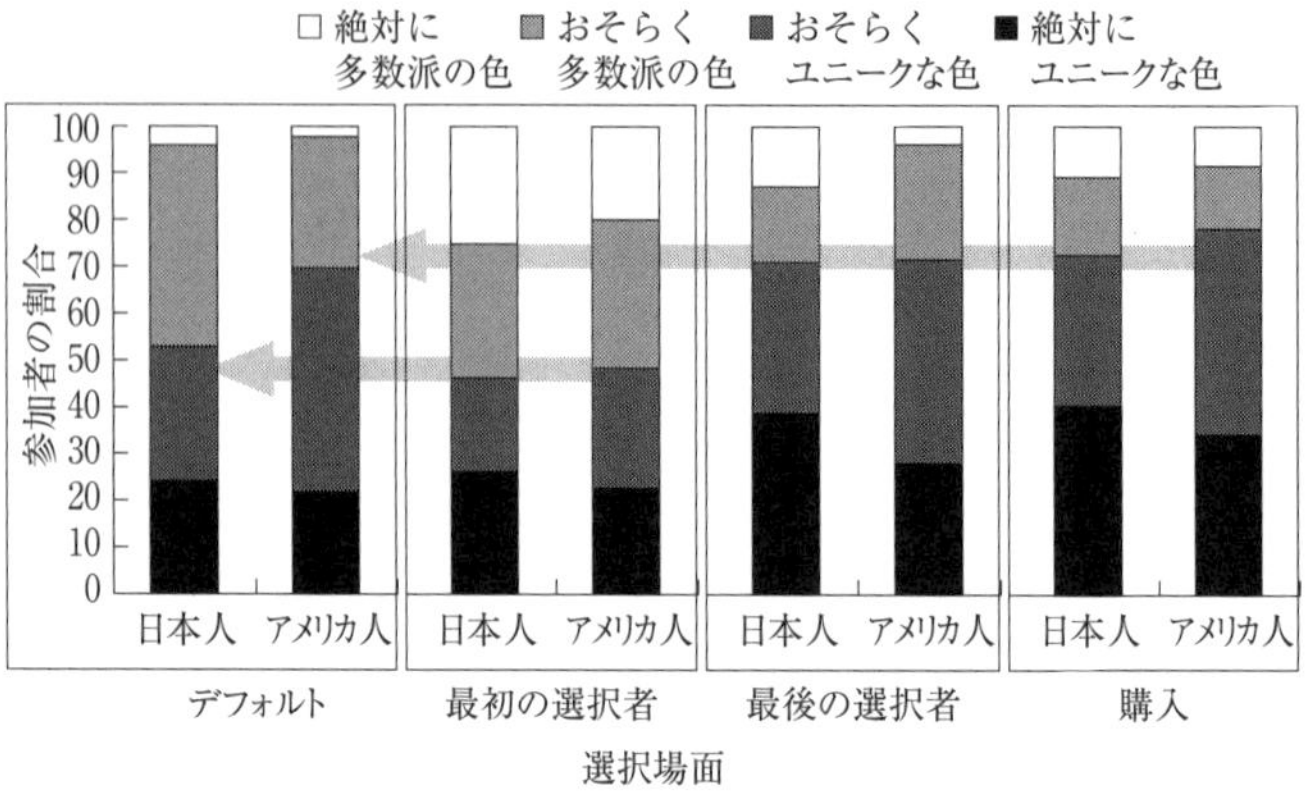


図２-12　各場面において、どのようなペンが選択されたか。図中の矢印はデフォルトと類似した選択を行った場面を示す（Yamagishi et al., 2008）

験者から「あなたに最後にペンを選択してもらう」と伝えられたときにどのペンを選択するかも尋ねた。以上の質問では、キムとマーカスの実験同様、選択したペンをお礼としてもらう場合であることが説明されていた。一方、最後の質問では、参加者にはもしペンを購入するとしたらどのペンを選択するかについて尋ねた。

その結果、最初の質問に対しては、キムとマーカスと同様に、ユニークなペンを選択すると答えた参加者の割合は、日本よりもアメリカで有意に高くなった（図２－12）。つまりこのようなデフォルトの場合には先行研究に合致した文化差が確認された。興味深いことに、最初の選択者と最後の選択者の場合には、この文化差が消えた。最初の選択者の場合は、文化にかかわらず、ほぼ半数の参加者がユニークなペンを選択すると回答した。これは先のデフォルトの場合の日本人参加者と類似していた。一方、最後の選択者の場合は、文化にかかわらず、70％程度の参加者がユニークなペンを選択した。これは先のデフォルトの場合のアメリカ人参加者と類似していた。そして最後にこのペンを購入するという場合のパターンもこの最終選択者の場合と類似していた。

以上の結果は、アメリカ人は通常自分が最後の選択者のような状況認識をしており、後の人のことを考えないで自分の好きなものをそのまま選択として表出しやすいのに対し、日本人は通常自分が最初の選択者のような状況認識をしており、本来であればその購入の場合のパターンが示すようにユニークなものがほしいと思っているが、後の人のことを考えてその欲を抑えて多数派のほうを選択するようになることを示唆している。そして状況設定によって選好が変わるということは、条件に依存しない好みというより、むしろ各文化の自己観、特にどの程度他者を配慮し嫌われないようにしなければならないのかを反映して他者に呈示するための「選好」があると言える。

ただ、このような文化に生きる上で、他者との相互作用をうまくやっていくための自己観を反映したストラテジーとしての選好があるとしても、これは異なった文化における人々のユニークか協調かの好みを否定するものではない。実際、山岸らの研究でもデフォルトの場合における文化差は見出されている。そのデフォルトの差はどこから来るのだろうか。1つの可能性として、文化的産物を通じた過程が考えられる。新聞、雑誌、テレビ、インターネット等の媒体における広告や記事、そして教育の指針となるような教科書の内容、それらは主にその文化の成員が作成したものである。そのような文化的産物に日々囲まれ、特に日々生きている文化の中で優勢な価値をもつものは好まれ、しかも伝達されていく結果として、ユニークなもの、または調和のとれたものに重きを置くその態度、そしてその価値は維持されるのかもしれない。

この文化的産物に着目したユニークか調和かの文化的差異は、キムとマーカスたちがペン選択実験とセットに行った実験で示されており、同じ論文内で紹介されている。彼らは韓国とアメリカのさまざまなジャンルの雑誌の広告に着目し、その内容分析を行った。その結果、アメリカではユニークな価値を含むものが多用されていたのに対し、韓国ではむしろ調和性を重視するものがより用いられていた。ただしこの研究では、これらの広告に対する好みは調べられていない。また広告ではどうしても言語情報が入ってしまい、そのため自文化の広告か他文化の広告かが明白にわかってしまう。文化的産物に含まれる価値と好みの関係を検討するにあたり、このような言語による効果は結果に影響を与える恐れがあり（つまり自分の国の言語で書かれているから単にそれを選んだというふうになってしまうと、見たい点が歪められてしまうかもしれない）、できれば言語によらないものを使うのが望ましい。

そこで石井ら（Ishii et al., 2014）は、幾何学図形に対する塗り絵に着目した。彼らは日米の大学生参加者に対しパッチワーク柄をもとにした幾何学図形を見せ、文化間で全く同じ24色の色鉛筆を使って好きなように色を塗ってもらった。そして、各文化95枚の塗り絵を収集し、これを「文化的産物」とした。まず、この塗り絵の色使い等を分析したところ、日本人の塗り絵のほうが使用されている色の数そのものは多かったが、アメリカ人の塗り絵では隣り合わせの色どうしのコントラストが強く、また色が濃かった。これらアメリカ人の塗り絵は、はっきりとした色使いと濃く塗る傾向、ある意味「その唯一無二が目立つ」ように特徴づけられていた。

さらに、この日米で収集された塗り絵を別の日米の大学生グループが自身の好み、ユニークさ、調和の3点から評価した。具体的には、日米の塗り絵を2枚1組にしたものを見せ、自身の好み、ユニークさ、調和のそれぞれにつきより合致するものを1つ選択するよう求めた。塗り絵には言語情報が含まれていないため、参加者からはどれが日本産かどれがアメリカ産か、そういった塗り絵の文化の情報はわからないようになっていた。その結果、先程の色使いの分析に対応し、参加者の文化にかかわらず、アメリカ人の塗り絵はよりユニークなもの、また日本人の塗り絵はより調和がとれたものと判断された。そして重要なことに、好みに関しては、日本人は日本人の塗り絵を、一方アメリカ人はアメリカ人の塗り絵をより好んだ。加えて日本人では好み判断と調和性の判断との間に強い正の相関が、またアメリカ人では好み判断とユニークさの判断との間に強い正の相関がそれぞれ見られた。これらの結果は、日本人は自身の文化において重視されている調和性を内包した塗り絵を好み、しかもそういった塗り絵は日本人が描いた塗り絵でありがちであったのに対し、アメリカ人は自身の文化において重視されているユニークさを内包した塗り絵を好み、しかもそういった塗り絵はアメリカ人が描いた塗り絵でありがちだったことを示す。

塗り絵の利点は、言語によらない簡単な課題であるため、子どもにも実施することができる点である。石井らは日本とカナダの4〜6歳児から同様の幾何学図形の塗り絵を収集した。そして日本とカナダの幼児の塗り絵を2枚1組にし、日本とカナダの大学生に先と同じ3点の評価をさせた。その結果は、日米の大学生の塗り絵に対するものと同じであった。日本の子どもの塗り絵のほうが調和的と判断されたのに対し、カナダの子どもの塗り絵のほうがユニークと判断された。好みに関しても、日本の幼児の塗り絵のほうがカナダの幼児の塗り絵よりも好まれ、その判断は日本人において顕著だった。そしてこのように収集された子どもの塗り絵を日本人およびカナダ人の子育て中または子育て経験のある成人に見せ、その子どもの塗り絵に対する彼らの反応を調べたところ、日本人は調和性に言及した反応（例えば、ふちからはみ出さないようにしてきれいに塗りなさい）をより好んだのに対し、カナダ人はユニークさに言及した反応（例えば、相互にきちんと区別できる色の使い方をしなさい）をより好んだ。

これらをまとめると、塗り絵のような非言語的なものであっても、その文化で重視されている価値が含まれやすく、しかもその文化の成員は、そのような価値が内包された自文化の塗り絵を好みやすい。そしてこのような塗り絵のパターンは幼児においてすら見られる。さらに子どもの塗り絵に対する成人のフィードバックの内容を踏まえると、文化で優勢な価値をもった塗り絵をその文化の成人は好み、かつそのような文化環境に置かれることで子どもがそこで重視されている価値を学び、しかも子どもたちを教育する立場の成員たちは無自覚のうちに塗り絵のような文化的産物を通じ、その価値を子どもたちに伝達している。このような文化的産物を介した文化と人の相互作用は、文化の維持・継承の1つのプロセスを示している。

## 選択と動機づけ、認知的不協和

日常は選択の連続である。今日も朝起きてから、ダジャレとは無関係に洗濯をしておくかどうか悩み、外は暑いが大学に行ってそこで仕事をすべきかどうか、昼食をどうするか、ここでコーヒーをいれるかどうか……という感じで時が流れている。今、このように文章を書くのか、それとも疲れたから止めるのかといったことも選択を要する。自覚的な選択もあれば、無自覚な選択もある。うまくいったと思う選択もあれば、どうもしくじったと思うものもある。当然大きな選択をすればするほど（例えば、職場を変える、進路を決める、高価なものを買う等）、その選択がうまくいったかどうか、特にうまくいかなかった可能性についてつい考えてしまい、後悔の念を感じることも多い。このようなときには、選択した行為（例えば、大学院に進学した）と選択者の態度（例えば、研究はうまくいかないし経済的にも困窮してしまい参っている）との間に矛盾が生じていると思われるが、人は一般的にどう対処しているのだろうか。

社会心理学で古くから言われていることは、人は一貫性を求めるという原理である。特にフェスティンガーによる認知的不協和理論によれば、2つの認知（信念や考え）の間の不協和は不快であるために、人はその不協和を低減、または回避するように動機づけられている（Festinger, 1957）。例えば、昨今喫煙者の数は激減しているが、価格の高騰に加え、喫煙による健康への悪影響を多くの人々が懸念に感じ、禁煙するようになったとも考えられる。実際たばこのパッケージにもそのような文言はあり、病院に行けば黒い色の肺の写真がある。そういったものによって「タバコはよくない」と思いながらも喫煙をしていたとしたら、それは認知的不協和状態になる。フェスティンガーによればそのような不協和を低減、回避するよう人は動機づけられているため、結果的にその行動を態度に合わせて禁煙することは生じうる。もちろんこの低減・回避は、その態度を行動に合わせることでも可能である。健康への悪影響を示すメッセージがあろうとも、「実際喫煙していた親たちは長生きだったし、まあ自分は大丈夫だ」と思えば、その態度は喫煙を正当化することになる。

この認知的不協和は、選択行為に伴って生じやすい。「大学院に進学した」が、「研究はうまくかないし経済的にも困窮してしまい参っている」というその矛盾こそがここでいうところの認知的不協和である。結果的に私は「大学院に進学した」という行為に態度を合わせたゆえに現在があるが、このような行為の正当化にはどのような過程があるのだろうか。この点もこれまで数多くの社会心理学の研究が取り組んでいる。有力な説の1つが、能力のある良い自己のイメージの維持に関するものである。良くない選択をしたかもしれないと思うことは、正しい選択者としての能力ある良い自己のイメージを損なうことになる。しかし自分には正しい選択をするだけの能力があるのだから、自分は正しい選択をしたはずだ。このような思い込みが選択の正当化を生み出すのである。つまり、選択の結果、その選択は誤りだったかもしれないという認知的不協和状態に至ると、自身の能力に不安を感じるが、しかし良いイメージの自己を維持するために「自分は正しい選択をした」と思いこむことで、その不安を払拭しようとし現在の選択を正当化するという過程が考えられる。

しかしこの過程は、どのような文化においても生じるのだろうか。先に紹介したような自己高揚への動機づけとその呈示が生じにくい東アジアでおいてさえ、このような過程は成り立つのだろうか。この選択と認知的不協和の関連に関しては、古くからブレーム（Brehm, 1956）が実証研究を行っているが、これと同じ手法を用いて北米の参加者のみならず日本人も参加者として加えたハイネとリーマンの研究（Heine & Lehman, 1997）や北山らの研究（Kitayama et al., 2004）は、日本人においてブレームの研究結果が再現されないことを示した。

加えて、北山らのその研究は、日本人においても認知的不協和の解消のための選択の正当化は生じうるが、その過程が異なることを示した。従来の欧米における研究をもとにした説では、自身の能力の反映である良い自己のイメージが前提となっていたが、北山らはこのような説は相互独立的な自己観のもとでは成り立つ一方、相互協調的な自己観が優勢な文化では、周囲の他者からどのように見られるのかが重要であり、その評価懸念が「良い自己のイメージ」を脅かすことになると主張した。

北山らは、ブレームの研究を踏まえて、日米の参加者に市場調査と称し、最初に10枚のCDをランク付けさせ、参加者が最も好きなCDを調査の謝礼として渡す旨を伝えた。その後、（研究とは無関係の）市場調査が進み、その途中で参加者に対し、最初に1位にランク付けしたCDの在庫がなくお礼として渡すことができないので、今から見せる2枚のCDから1枚好きなものを選んでほしいと伝えた。その2枚は先程のランク付けの際に5位と6位にしたものであった。そしてさらに

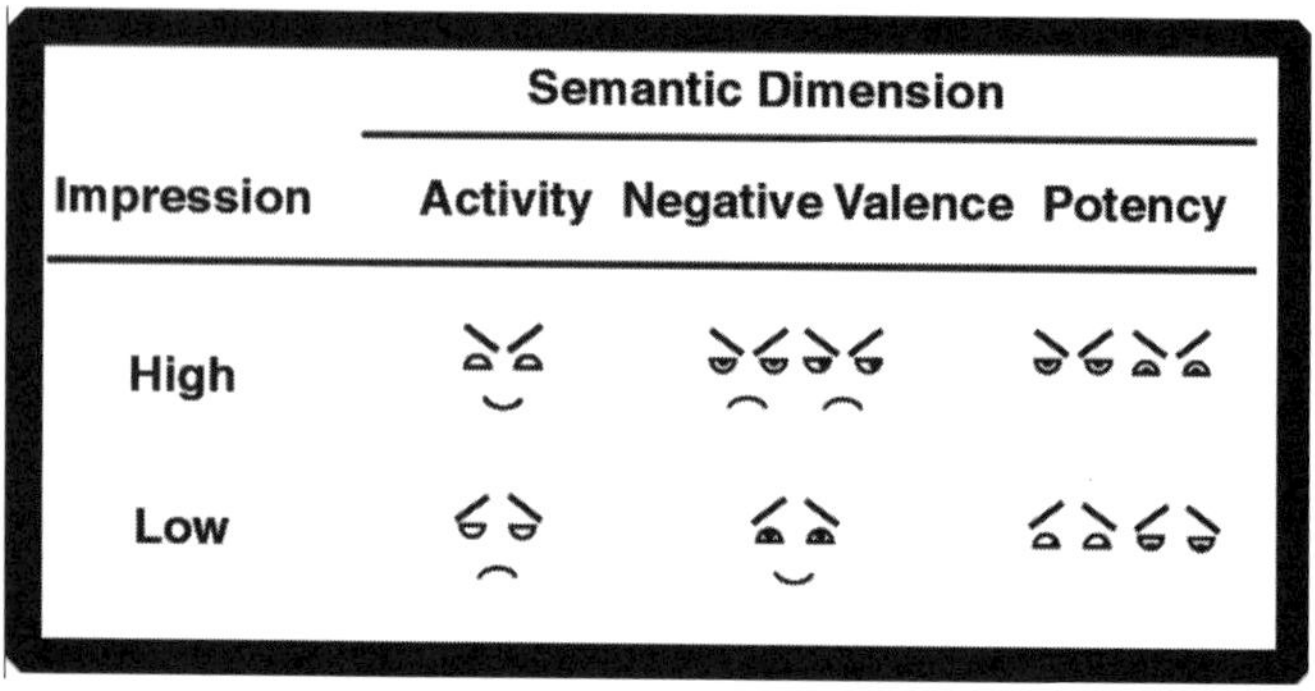


図2-13　Kitayama et al.（2004）が用いた「他者の目」のポスター

（研究とは無関係の）市場調査への回答が続いたのち、最後に参加者は最初と同じ10枚のCDのランク付けをするよう言われた。この実験で見たいのは、最初5位と6位だったCDの好みが選択後にどのように変動するかであった。先に説明した過程で選択行動に対する正当化が生じるのであれば、2回目のランク付けの際、選択したCDは高く、一方で選択されなかったCDは低く評価されるだろう。

　そして北山らは正当化の過程の文化差を検討するために、このようなブルームが用いた標準的な条件に加え、「他者の目」条件を加えた。具体的には図2－13に示した模式的な目が描かれたポスターが実験室にあり、参加者はそのポスターの目の前でこの調査に取り組むようになっていた。分析では、選択したCDと選択されなかったCDの順位の変動の和を求め、指標とした。この値が大きくなるほど参加者は選択を正当化したことを意味した（つまり選択したCDの順位は上がり、選択されなかったCDの順位は下がった）。分析の結果、標準条件においてアメリカ人参加者の平均値は0よりも有意に大きくなっていた。つまり選択の正当化が生じていた。しかし日本人参加者の平均値は0を示し、選択の正当化は全体でみると生じていなかった。一方、他者の目条件では、いずれの文化においても値は0よりも大きく、しかもアメリカ人と比較し、日本人の値が有意に高くなった。日本人の場合、選択を正当化するということが全くないのではなく、むしろ他者の目があり、それによって自身の選択に対して評価懸念を感じやすくなるときに、その不協和を軽減しようと自己の選択を正当化する現象が生じるのである。

ここまで相互独立・相互協調に関する洋の東西の差異に基づき、いわばそのような文化の準拠枠が人の認知や感情認識、さらには自己評価や動機づけに影響を与えていることを示唆するさまざまな知見を紹介してきた。歴史的な背景が最大限異なる洋の東西に着目し、その結果として心の性質も大きく異なることを示すのは、文化心理学における心と文化の相互構成過程を裏づける上で重要な試みである。しかしここまでくると、アメリカ人は……、日本人は……という物言いのせいで、やっぱり日本人はそうなんだよな、いやいや日本人はそうでない、そもそも自分はここで書かれている記載と全くそぐわないが本当に日本人か？　とつい感じてしまったのではないだろうか。最初に断りを入れたように、そのように思われることは、本来の研究の意図からは外れてしまう。いわゆるステレオタイプ化した東洋や西洋のイメージを作り出すのは研究の趣旨ではない。しかしそのように感じられるのも事実であり、実際そこには洋の東西を比較していくことの方法論的限界もある。それにそもそも相互独立・相互協調はいったいどこから来たのだろうか？　洋の東西において歴史的に培われてきたのは事実だが、それはどうして、またどのように伝承されてきたのだろうか。残念ながらこの手法から得られる知見では、推測はできるものの、明確な解を示すことはできない。

研究者たちは、このような洋の東西の差異を踏まえた上で、洋の東西を超えた社会生態学的要因に着目し、それがどのように認知や感情認識、自己に影響を与えていくのかを探索し始めている。加えて、洋の東西以外の地域における研究も進められつつある。次章ではそれらの成果について触れたい。

## 注

（1）後の章で環境要因に敏感な遺伝子多型としてセロトニントランスポーター遺伝子が出てくるが、私自身、その遺伝子多型の特性を踏まえてもこの日本人における傾向がそのｓ／ｓを有する個人において顕著ではないかと思い、日米で実験を行った。その結果、他者の笑顔の消失に対する敏感さに関する文化差は特にｓ／ｓをもつ個人において顕著であり、さらに日本人のパターンのみに注目した場合、lアレルをもつ個人と比較しｓ／ｓをもつ個人はより笑顔の消失に対して敏感であった（Ishii et al., 2014）。この研究をきっかけに、遺伝子多型研究の「沼」に入り込んでしまい、今に至る。

# 第3章　洋の東西を超えて——社会生態学的な要因による影響

洋の東西という地理的な「縦糸」で区切った文化比較研究は、その異なった文化環境がそれに対応した心の性質を生み出すことを明らかにした。一方で、それぞれの文化に共通する「横糸」としての社会生態学的な要因に着目した場合、それは心にどのような影響を与えるのだろうか。さらにこの横糸への着目は、縦糸の文化比較研究にどのような示唆を与えるのだろうか。ここでは、社会生態学的な要因として、（1）生業、（2）人々の流動性、（3）社会階層、（4）近代化による影響について知見を紹介する。

## 生　業

生業による影響を検討したものとして、ベリーによる先駆的な一連の研究が挙げられる。例えば、彼は、シエラレオネのテムネ人たち、ニューギニアの先住民たち、オーストラリアの先住民たち、バフィン島（カナダ北東部）のエスキモーたちを対象に、視覚的な弁別を必要とする課題、および空間的スキルに関する課題を実施した（Berry, 1971）。この空間的スキルに関する課題の1つとして、場依存－場独立の知覚の対比を前提とした、埋め込み図形テスト（EFT：embedded figure task）が用いられた。これは、複雑な図形の中に埋め込まれたある単純な図形を見つけ出すものであり、それを速く見つけ出せる人ほどその知覚は場独立であるとされた。またこの際、それらの人々が伝統的な文化が残っている地域に住んでいるか、それとも都市化が進んでいる地域に住んでいるかも考慮し、年齢や性別に関しても統制がとれるようなデータサンプリングが行われた。その結果、狩猟採集民とされるエスキモーおよびオーストラリアの先住民たちは、他の2群よりも視覚的弁別および空間的スキルの面で得点が高く、統制条件として含められたイギリスの都会および地方に住む人々とほぼ同等であり、場独立的な知覚を示しやすかった。また後程のトピックとも関連するが、一部の地域においては都市化が場独立的な知覚を促すことが示唆された。

近年、ウスクルらは、分析的・包括的な認知に関する文化差を検討した研究で用いられた課題を用い、トルコの黒海沿岸に住む牧畜民、漁民、農民の認知様式を検討した（Uskul et al., 2009）。先に紹介した北山らの線と枠課題に対して、それらの人々は絶対課題よりも相対課題におけるエラーが小さく、全体的に日本人と同様の包括的な認知様式の傾向を示したが、グループ内の比較をすると、とりわけ牧畜民ではその相対課題の優位性が減少していた。また、カテゴリー化のところで紹介した3つ組の写真セットの分類課題では、いずれのグループも関係性に基づいた選択やその説明をする傾向が強く、ここでも包括的な認知を示唆する傾向が見られたが、その傾向はやはり牧畜民において弱くなった。農業や漁業と比較し、牧畜を行っていく上で、比較的人々の間のコーディネーションや協力を必要とする場面は少なく、そのことが協調性に対応した包括的思考様式を抑制する結果になったと考えられる。

さらに、農業においても、その作物によっては集約的な協力行動を常に必要とするものがあれば、比較的そうでないものもあり、その程度が思考様式に影響を与える可能性がある。タルヘルムらは、米作と麦作の差異に注目し、中国本土において歴史的にその北部は主に麦作、南部は主に米作が行われてきたことから、そのような主流となってきた作物にかかわる人々の行動様式の差異が認知様式の地域差に反映される可能性について検討した（Talhelm et al., 2014）。そして1000人以上の中国人学生を対象に実験を行い、その出身地域で主流な農業の形態（つまり米か麦か）による影響を調べた。使用した認知課題は、ウスクルらと同様、分類課題であった。加えて関連する指標として個人主義傾向に関連のある離婚率を調べてみると、麦が主流の北部は米が主流の南部よりも高くなっていた。また関係性に基づいた選択やその説明をする傾向は、南部のほうが北部よりも顕著であった。この研究が興味深いのは、実際に農業に従事している人を対象としているのではなく、そのような生業にはついていない学生を対象としている点である。生業を日々実践していくことによって、そこで必要とされる人々の相互作用のパターンや関連した価値や信念が生まれるが、それが実際に従事している人々のみならず、その地域において共有され、さまざまな慣習や日々の人々の生活の実践の中に埋め込まれる結果、実際にその生業に従事していない人においても影響が見られると考えられる。

またある社会環境下の生業による影響が人々の生存にかかわるふるまいや感情反応としてどのように表れ、しかもそれがどう現在に至るまで維持されてきているかを考える上で、ニスベットとコーエンによる「名誉の文化」の研究（Nisbett & Cohen, 1996）は極めて重要である。アメリカ南部は「暴力的」というイメージが強いが、実際の統計を見てみると、北部との比較において南部において顕著なのは、牧畜のさかんな小都市や田舎における殺人率の高さであり、しかも突出しているのは白人男性による「諍い」を原因とした殺人である。この研究によれば、南部において歴史的な奴隷制度、また高温の気象条件といったものがその暴力性に影響を与えているのではない。むしろその牧畜という生業形態に開拓時代の統治権力の弱さが相まって、簡単に奪われてしまう所有物（家畜）を守るには暴力によって自分自身を守ることが必要であり、強い人間であるという評判（名誉）が不可欠である。その名誉を守るためには、侮辱されたら暴力に訴えかけて自分の強さを示さなければならない。

ここで重要なのは、この侮辱に対する反応である暴力を通じた名誉の維持がその環境で暮らす人々によって共有されたルールとなっている点である。ある意味、このルールからなるゲームを放棄した途端、その人には弱虫という評判が与えられてしまう。もちろんそのような評判は、開拓時代、まさに西部劇のあの時代背景のもとでは致命的だっただろう。しかし現代は少なくとも法治国家である。『リバティ・バランスを射った男』の主人公の弁護士が嘆く必要はもうない。それでも暴力を通じた名誉の維持は現代でも見られる。実際、ニスベットとコーエンは、ミシガン大学における白人男性を対象とした実験を行い、そのうちの半数に対して侮辱を含む実験操作を加えたところ、そのような操作を含まない統制群と比較し、南部出身の参加者の唾液コルチゾールやテストステロンといったストレスに関連したホルモンの値は上昇した一方、北部出身の参加者にはそのような差異は見られなかった（図3－1）。またこのような「暴力の準備状態」を示す生理反応のみならず、暴力性に関連した行動指標でも同様の傾向が見られた。

このように現代まで維持されている理由として、まず「侮辱される→暴力に訴える」は、人々の間の共有期待から発展して行動のルールとなり、そこからあえて逸脱したふるまいをするメリットがないため（1人でガンジーの真似事をしてもただやられてしまうだけである）、当初の経済的要因（生業等）がなくなった今でも、それが勝手に維持されてしまう点が挙げられる。さらにそのような行動のルールは、南部における法制度や子育ての習慣等にも反映されている。一方で、本当のところ

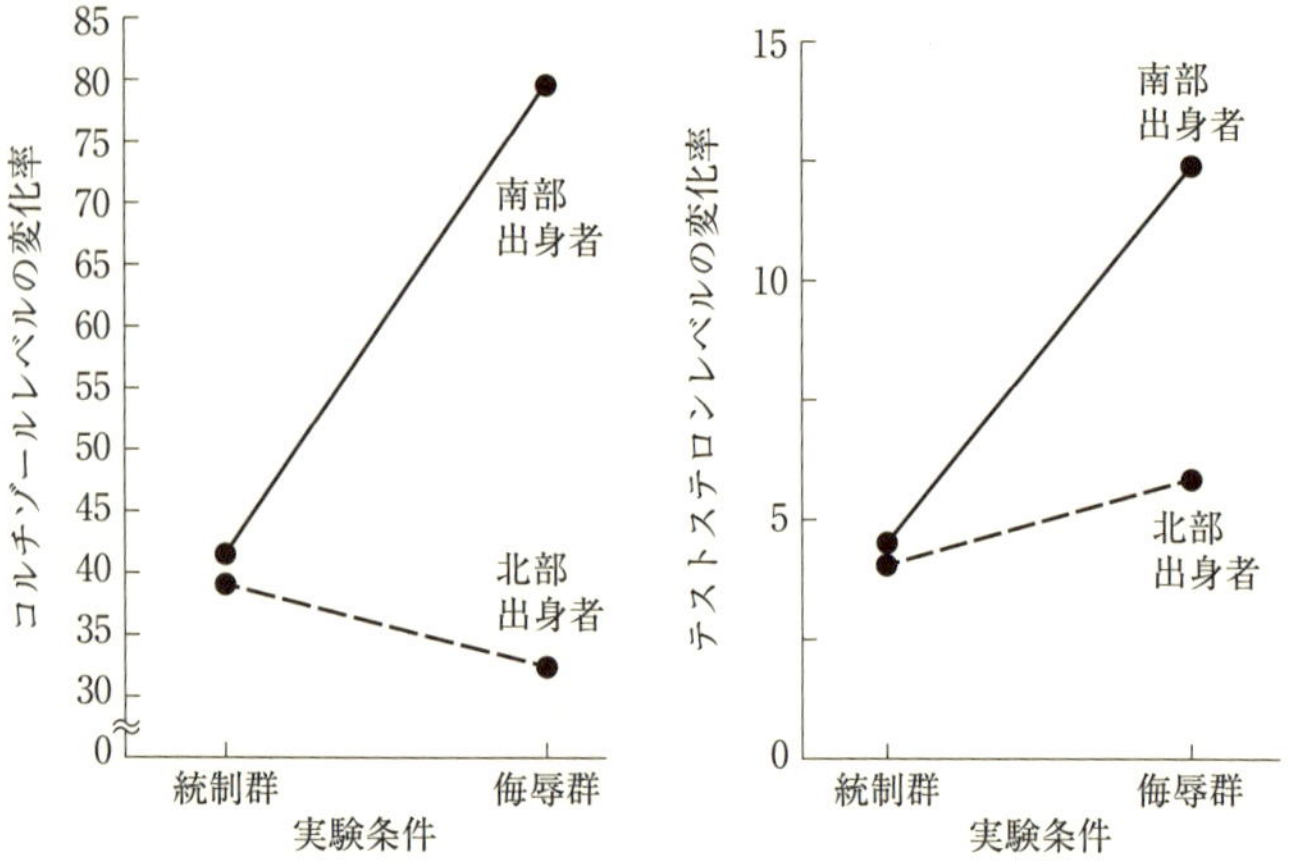


**図3-1**　侮辱されると北部人よりも南部人において、コルチゾール、テストステロンの値が上昇→攻撃的になっている（Nisbett & Cohen, 1996）

各人はさほど暴力性に賛同していないが、それでも「他者は自分よりも暴力的である」、「他者は暴力性を承認している」、「何らかの曖昧な対立関係があるような状況で他者は暴力に訴えることを望ましいと考えている」のような他者に対する誤った推測をしてしまい、他者一般は暴力を賛成しているということを人々が考える結果、その行動のルールは結果的に維持されている可能性（Vandello et al., 2008）も示唆されている。

## 人々の流動性

人々の移動にかかわる事例の1つとして、自発的移住が挙げられる。北米は移民文化であり、その歴史は、16世紀における宗教的・経済的理由によるヨーロッパからの人々の移住までさかのぼる。先の名誉の文化も、開拓の時代が少し進み、イギリス北部で牧畜に従事していた人たちがアメリカ南西部に入植したのが始まりである。北山らは、このような自発的移住が独立的自己観の起源の1つであると提唱した（Kitayama et al., 2006, 2009）。その自発的移住仮説によれば、移住を選択する人間は元来独立性に富んでいる可能性が高い。しかも永続的社会的関係性に乏しく、また政府権力も及ばない開拓地において頼りになるのはしばしば自らの力と能力のみである。したがって、元来備わっていた独立性はさらに助長された可能性がある。こういった独立的自己観は、「フロンティア精神」と呼ばれる文化の信念体系へと外在化され、もはや移民が過去の歴史となった現在にまで受け継がれてきていると考えられる。

実際、日本においてそのような歴史的背景のある北海道に着目し、他者の行為に対する内的特性への帰属および状況要因への帰属の程度をそれぞれ見てみると、アメリカ人は日本の本州で生まれ育った人々と比較し、相対的に外的帰属よりも内的帰属の程度が高かったが、道内で生まれ育った日本人のパターンはこのアメリカ人のパターンと類似していた（Kitayama et al., 2006）。さらに、北山らは、アメリカ、ドイツ、イギリス、日本の4か国において文化心理学の研究で用いられてきたさまざまな課題を実施したところ（Kitayama et al., 2009）、アメリカと日本の間でこれまでの知見を追認する差異を見出すとともに、ドイツとイギリスのパターンは、課題（例えば原因帰属）によってはアメリカと類似していたものの、おおむねアメリカと日本の中間になることを示した（例えば線と枠課題）。

また近年、対人関係の流動性の程度に関する社会・文化的な差異に着目し、それが認知様式にどのような影響を与えるのかについても検討されている。関係流動性、具体的には社会環境においてどの程度対人関係を選択できる機会があるかについての人々の知覚には地域差があり、東アジア、北アフリカ、中東では低く、一方北米や南米では高い。また歴史上、その生態環境における脅威が高かった地域ほど関係流動性は高く、加えて先程も紹介したような生業形態のうち、米作のように集約的な協力を必要とするものが優勢な地域ほど関係流動性は低い（Thomson et al., 2018）。このような関係流動性は、信頼といった対人的な関係にかかわる指標のみならず、分析的・包括的な認知にも影響を与える。サンマーティンらは、アメリカ、スペイン、ナイジェリア、イスラエル、モロッコ、日本において原因帰属に関する課題や線と枠課題を実施し、さらに各参加者の関係流動性の程度についても調べた（San Martin et al., 2019）。その結果、それらの課題における文化差は、関係流動性の文化差によって媒介された。関係流動性が低いほど、外的帰属をしやすく、文脈情報に注意を向けやすかった。

関係流動性は、コロナ禍における予防行動にも影響を与えたことが示唆されている。サルバドールらは、39か国の関係流動性の程度と、コロナ流行の最初の30日間の症例数と死者との関連を調べた。その結果、症例数、死者いずれの場合も、関係流動性が高いところほどその数は顕著だった（Salvador et al., 2020）。また、過去の歴史における伝染病等の生態学的脅威や社会・政治的な制度を反映し、逸脱行為に対して耐性が低く、強い社会規範を持つとされるタイトな文化と、逸脱行為に対して耐性が高く、社会規範の弱いルーズな文化といった分類が近年提唱されている（Gelfand et al., 2011）。タルヘルムらは、生業形態は関係流動性や強い（弱い）社会規範と関連し、さらにそれがコロナの症例数や死者の数にも影響することも示した（Talhelm et al., 2023）。具体的には、世界を対象とした際、米作の作付面積の割合が大きい国ほどコロナによる死者や症例数は少なくなっ

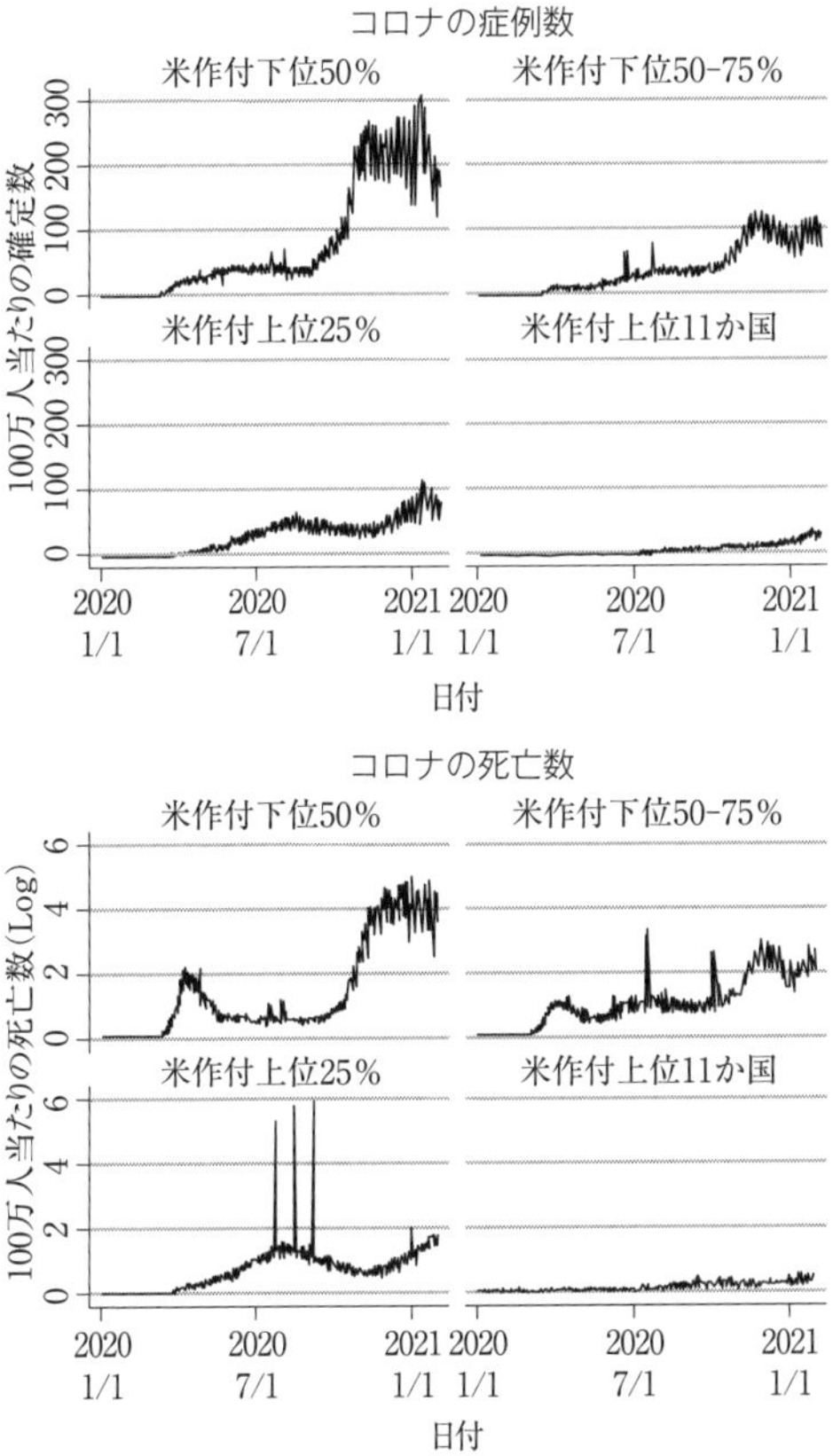


図3-2　縦軸は2020年1月から2021年1月にかけての1日・100万人当たりの症例数と100万人当たりの対数死亡数。作付け上位11か国は中国、韓国、日本、ベトナム、ラオス、カンボジア、マレーシア、インドネシア、タイ、フィリピン、ミャンマー（Talhelm et al., 2023）

ていた（図3－2）。そしてこの傾向は関係流動性の低さと強い社会規範によって媒介されていた。つまり米作の作付面積の割合が大きい国ほど関係流動性は低く、社会規範は強い傾向だった。そして関係流動性が低く、社会規範が強いほど、コロナによる死者や症例数は少なくなった。

関係流動性と似たものとして住居の流動性、つまり実際に人々が何回引っ越しをしたか、また地域レベルではどの程度転出・転入の割合があるかといった人の動きに関する指標がある。このような住居の流動性による影響として、そのような流動性が高い人はそうでない人と比較し、関係性に基づいた自己概念の形成が難しいため、自分の性格特性を自分の中心として位置付ける傾向が強く、また相互作用の相手がその個人的な特性を正しく知覚してくれたときにより幸せを感じやすいことが知られている（Oishi et al., 2007）。

一般的に住居の流動性には2つの側面があるとされている。1つは、自分で自由に居住地を決めることができる能力であり、もう1つは新しい居住地での生活による不安である。特に後者に着目した場合、興味深いことに、地域レベルでの住居の流動性が高いところには、全米で展開しているチェーン店（例えばスターバックス）の数が多く、また人々もそれを好みやすい（Oishi et al., 2012）。このようなチェーン店は、基本的にはこれまで慣れ親しんだものを提供してくれるため、例えばその地域特有の店といったように未経験でよくわからないものと比べたら、そういったチェーン店は不安を低減してくれると言える。加えて、住居の流動性には不安を伴うことから、これまでの引っ越し経験は、笑顔の消失に対する判断にも影響を与える。石井らは、日米の参加者を対象に先行研究と同じ課題を実施し、その際、参加者の住居の流動性を尋ねたり、その流動性に関するマインドセットを操作したりして、住居の流動性による影響を検討した（Ishii et al., 2020）。その結果、文化とは独立に、住居の流動性の影響が見られ、これまで引っ越し経験をしている人や高流動性のマインドセットを促された人は、そうでない人たちと比較し、笑顔の消失の判断が速かった。

## 社会階層

文化と社会階層の相互作用は未解明の点が多い（Ishii & Eisen, 2020）。しかし、特に欧米社会や文化においては、社会階層の高低は相互独立・相互協調と関連する。社会階層が高いと、さまざまな資源が手に入りやすく、ヒエラルキーの上位者として他者に影響を与えやすい。また自身の選好も自由に示すことが可能である。このような特徴は相互独立的な志向性と軌を一にする。一方、社会階層が低いと、ヒエラルキーの下位に位置し、資源の入手は難しく、社会的な制約や脅威を多大に感じることになる。そしてそのような社会的制約のもと、状況要因への注意が向きやすくなり、また人々の間の依存関係も生じやすい。このような特徴は相互協調的な志向性と軌を一にする。

実際に、クラウスらは、アメリカ文化においてもこのような階層の差異によって社会的推論のパターンが異なること（具体的には、社会階層が低いほど、文脈情報を考慮し、それに基づいた説明をしやすいこと）を示した（Kraus et al., 2009）。また、先程のブレームの実験課題を用いた選択の正当化は、アメリカ人参加者の中でも社会階層が低いと生じにくくなることも示されている（Snibbe & Markus, 2005）。さらに、ナらは、認知様式の文化差を検討するために文化心理学において用いられてきた10個の課題をアメリカの一般人を対象に実施し、そのうち７つの課題において、社会階層が低い個人ほど包括的な認知傾向を示しやすいことを明らかにした（Na et al., 2010）。また課題は異なるものの、社会階層が低いほど文脈情報に基づいた解釈や説明をしやすい傾向は、中国人の学生たちを対象とした浜村らの研究でも示されている（Hamamura et al., 2013）。さらに、クラウスらや浜村らは、増田ら（2008）の感情認識課題も実施しており、中心人物の表情の評定において周囲の人物の感情の一致・不一致が影響を与える程度は、社会階層が低い個人において顕著であることを示した。ただし、東アジアの特に儒教文化圏においては、社会階層が高いほど独立的のみならず協調的であることを示唆する知見も見出されている（Miyamoto et al., 2018）。宮本らのこの知見に基づくと、文化において優勢な反応（例えば欧米における相互独立的な認識、東アジアにおける相互協調的な認識）は、社会階層が高い人々において顕著であることが示唆される。

加えて、感情表出に関しても興味深い文化と社会階層の相互作用が報告されている。一般的に、「いらいら」「自分の思うとおりにならない」怒りに誘発された攻撃は、情動発散に基づく衝動的攻撃行動とされる（Berkowitz, 1989）。そしてこれは社会階層の低い人たちにおいて顕著であるとも言われている。では、東アジアではどうなのだろうか。パクらは、日米の大規模データベースの二次解析から、アメリカでは、主観的社会経済的地位と呼ばれる社会内での相対的な地位を主観的に見積もらせた指標に着目したとき、その地位が低い人々ほど怒り表情を出しやすいと自己報告していた。一方日本では、客観的社会経済的地位と呼ばれる学歴や収入のレベルで表現できる指標に着目したとき、むしろその地位が高い人々ほど怒り感情を出しやすいと自己報告をしていた。さらにアメリカにおけるこの傾向は、情動発散説が示唆するように、欲求不満の程度によって説明された。つまり相対的な地位が低いと主観的に思う人ほど、日頃から欲求不満の程度も高く、そして欲求不満が高いと怒りを表出しやすかった。では日本の場合も欲求不満の程度が関係していたのだろうか？　実はそうではなく、意思決定可能な権力の有無に依存していた。つまり学歴や収入のレベルが高い人ほど、そのような権力があり、さらに権力を持つ人ほど怒りを表出しやすかった（Park et al., 2013）。

前章の感情のところで触れたように、協調性は他者の反応に対する敏感さとして現れやすい。実際、日本におけるリーダーは対人的な調整の役割が期待されやすく、むしろリーダーほど周囲に対して注意を払いやすくなることも示されている（Miyamoto & Wilken, 2010）。しかし調整の一種として下の者たちへの統制が含まれるなら、その一環として上に立つ者には怒りの表出が許されているのかもしれない。通常、怒りを始めとしたネガティブ表情の表出は、まさに協調性を乱すものとして考えられやすい。しかし上からの調整や統制という文脈では、怒りの表出をしてもよいと考えられており（ただしその文脈が正しく理解されていなければ、場合によってはハラスメントになりかねないだろう）、実際にそういった表出がなされていると思われる。

## 近代化・都市化

先程紹介したベリーの研究は、近代化・都市化によってその認識が場独立、つまり分析的な認知になることを示唆している。ただしその知見は、分析的な認知様式を促す西洋の教育による影響と解釈可能かもしれない。むしろ以下で紹介する研究は、近代化や都市化の結果として人々が接する環境の事物や情報が増え、そのことがさまざまな事物への注意を促すことを示唆するものである。実際、環境の複雑さが包括的な認知を促す可能性は、宮本らの日米比較研究が示している（Miyamoto et al., 2006）。宮本らは、街の景観がアメリカよりも日本において、さらには地方よりも都会において、複雑（つまり事物がたくさん詰め込まれていること）であることを示した（図３－３）。また、事前に日本の景色を見せられた参加者は、アメリカの景色を見せられた参加者と比較し、先述の増田とニスベットが用いた間違い探しの課題において、背景の変化をより見つけやすいことを明らかにした。つまり複雑な背景は、さまざまな事物への注意を促し、そのことによって注意の範囲が広がると言える。

このような注意の範囲と関連した錯視として、エビングハウス錯視がある。図３－４に示したように、中央の円に対し、それよりも小さい円で周囲を囲んだときのほうが、大きい円で囲んだとき

図3-3　日本とアメリカの風景。ランダムに選択されたホテルや学校を撮影場所とした（Miyamoto et al., 2006）

よりも、その中央の円は大きく知覚される。これは中央の円の大きさを見積もる際に、周囲の円に注意を払い、それとの大きさを対比させてしまうことによって生じる。そのため、中央は円で周囲は四角形といったようにそれらの図形の物理的な属性が異なる場合には、錯視自体生じにくくなる。

　興味深いことに、ナミビア北部に住むヒンバ族の人々とイギリス人を比較した研究では、ヒンバ族の人々ではエビングハ

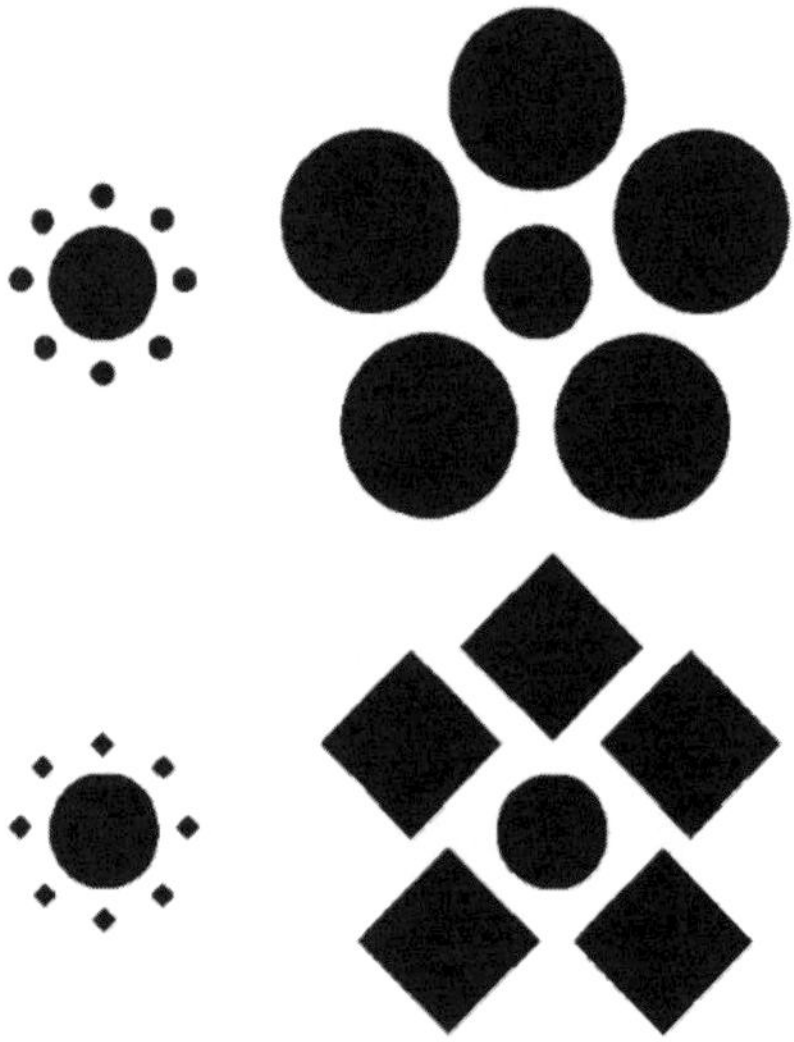

図３-４　エビングハウス錯視。４つの図形の中心にある円はすべて同じ大きさ（de Fockert et al., 2007）

ウス錯視がほぼ生じなかった（de Fockert et al., 2007）。さらに後続の研究において、伝統的な生活様式を維持しているヒンバ族の人々、都市化されたヒンバ族の人々、イギリス人、日本人を比較したところ、エビングハウス錯視の程度は日本人において最も強く、伝統的な生活様式を維持しているヒンバ族の人々において最も弱かった（Caparos et al., 2012）。イギリス人と都市化されたヒンバ族の人々の錯視量は同程度であり、それらの中間だった。このことは、エビングハウス錯視は注意の範囲が最も広い（それだけ包括的な認知を示す）日本人において顕著であることを示唆する。その一方、複雑な自然環境のもとでは生活してしない伝統的な生活を送るヒンバ族ではほぼ生じず、しかしヒンバ族の人々でも都市化が進んでいる地域に暮らしている場合、その日常的に接する環境の複雑さが注意の範囲を広げ、その結果として伝統的な暮らしをしているグループと比較し、錯視量が大きくなったと考えられる。

また同一文化内でも大都市と地方では自己の捉え方に差異がある。例えば、嘉志摩らは日本（東京と鹿児島）とオーストラリア（メルボルンとウォドンガ）の人々を対象に自己観の調査をしたところ、文化にかかわらず集団主義的な自己観（自分よりも所属集団や他者を優先させる傾向）は大都市に住む人々よりも地方に住む人々において顕著であった（Kashima et al., 2004）。また山岸らは、前述のペン選択の場面を想定させる調査を日本人一般の参加者を対象に行い、東京をはじめとする大都市に住む人々においてユニークなペンを選択しやすいことを示した（Yamagishi et al., 2012）。

以上、洋の東西の差異を超えた分析として、社会生態学的要因による影響について、生業、流動性、社会階層、近代化・都市化という諸側面から検討した。これらの分析は、洋の東西の文化差に関するこれまでの知見を踏まえた上で、その文化差の説明要因を提供する上で重要である。

また特に流動性を始めとするこれらの要因に着目した知見では、洋の東西以外の文化を含めた検討がなされており、特筆すべき点である。現在でもなお心理学の主流は西洋圏にあり、その知見の多数は特に北米の大学生参加者のデータを基にしたものである。ヘンリックらは、心理学の研究者もその実験参加者もほとんどがＷＥＩＲＤ（Western［西洋の］、Educated［教育された］、Industrialized［産業化された］、Rich［豊かな］、Democratic［民主主義の］の頭文字をとった造語であり、weird［奇妙な、おかしい］との掛詞にもなっている）の人々であり、２００３年から２００７年における心理学のジャーナルに掲載された論文の96％が，世界の人口のたった12％（主に欧米）を対象としていたことに言及した。そしてＷＥＩＲＤが大多数を占める心理学研究において，ＷＥＩＲＤを対象として得られた結果があたかも「一般的」のように扱われていることを問題視した（Henrich et al., 2010; Henrich, 2020）。ＷＥＩＲＤが大多数を占める状況は，２０１６年から２０２０年における心理科学協会（Psychonomic Society）のジャーナルにおいて文化に関連した論文がわずかに７％にすぎないこと（Gutchess & Rajaram, 2023）から，依然として改善されていない。

ヘンリックらが主張する心理学研究におけるサンプルの偏りの問題，そしてＷＥＩＲＤに基づく知見を一般化することによる誤謬は，決して新しいものではない。例えば，世界中の人々を対象とした調査として，１９６０年代にすでにホフステッドによるＩＢＭ職員を対象とした世界40か国を対象とした価値観調査があり，権力の格差（power distance），個人主義，男性らしさ，不確実性回避といった文化の次元を見いだしている。特に権力の格差と個人主義との間には強い相関があり，多くの国は権力の格差が大きくて集団主義的，ないしは権力の格差が小さくて個人主義的に分類される一方，フランス等のヨーロッパの一部は権力の格差が大きいにもかかわらず個人主義的，またコスタリカ等の中南米の一部は権力の格差が小さくて集団主義的といった興味深い例外も見られる。

さらに１９８１年以降，世界価値観調査が継時的に行われ，世界の国々を説明するものとして，伝統的価値 vs. 非宗教的・理性的価値（伝統的価値を信じるほど，信心深く，妊娠中絶や離婚への許容度が低い）と，生存価値（経済と身体の安全を最優先とする価値と大きく関連）vs. 自己表現価値（環境保護、多様性の許容などと関連）の2つの軸が提唱されている。加えて、WEIRDに基づく知見を一般化することによる誤謬を指摘し、社会・文化環境がその環境に見合った心の性質を作り出す可能性こそ検討すべき仮説であり、実際に文化比較研究を通じその仮説の妥当性を示してきたのがこの四半世紀における文化心理学の成果に他ならない。しかし、心理学における再現可能性の問題（例えばSimmons et al., 2011）が明示的な懸念となった時期と重なり、ヘンリックらによる2010年の論文が公刊されて以来、洋の東西を超えたデータ収集の必要性、そして歴史や進化といった時間軸を考慮した「なぜその文化に至ったのか」の議論が活発になっている。

なぜ個人主義に至ったかについて、ヘンリックら（Henrich, 2020; Schulz et al., 2019）は、キリスト教（ローマ・カトリック教会）の布教の結果、婚姻形態や家族構造が変化したことをその要因として主張している。まず、前近代化社会は総じて血縁集団に基づいた構成になっていたが、狩猟採集社会から農耕社会に変化すると、安定した食糧供給を可能にする大規模な親族集団の形成がそのような社会には適応するようになり、その集団は緊密で相互依存的なものへとなった。この頃に超自然的な力や神のようなものへの信仰が人々の間で生まれ、集団内のメンバーへの協力や信頼が促された可能性についても言及されている（Purzycki et al., 2016）。また、いとこ婚や複数の配偶者からなる複婚によって、そのような大規模な親族集団は形成されていった。さらにそのような緊密で相互依存的なネットワークからなる環境に適合するように、同調や服従傾向、包括的なものの見方、内集団への忠誠心が促された。

一方で、中世に入るとキリスト教（ローマ・カトリック教会）は拡散していき、いとこ婚の禁止等を含むその宗教的な方針により、西暦１５００年までには西欧のほとんどの地域において大規模な親族集団は見られなくなり、代わりに独立した核家族が多くを占めるようになった。実際、過去の調査（例えば、世界価値観調査）や実験室実験の結果を国単位でまとめ、各国のキリスト教（ローマ・カトリック教会）が伝来されてからの年月の長さとの関連を見たところ、キリスト教の歴史が長い国ほど個人主義的であった。さらに、ヨーロッパ諸国における移民に着目しても、その親がキリスト教（ローマ・カトリック教会）の歴史が長い国であったり、また大規模な親族集団を形成していない国であったりした場合に、その移民たちはやはり個人主義的な傾向を示しやすく、一般的信頼や公平感も高くなっていた。

またこれまで紹介してきた文化心理学で用いられてきたさまざまな課題を洋の東西のみならず、世界中のさまざまな地域で実施した研究からも興味深い知見が見出されている[1]。例えば、中東における人々を対象とした研究では、線と枠課題や原因帰属といった認知様式の面では人々は包括的であり、また内集団メンバー間の相互協調性も高いが、自己を主張する傾向が強く、自己高揚傾向はアメリカ人と同様に見られやすいことが指摘されている（San Martin et al., 2018）。このような地域の生業が主に牧畜であることを踏まえると、この自己主張の強さにはアメリカ南部と同様の名誉を重視する傾向が表れている。

そして、洋の東西に加え、ギリシャ、トルコ、エジプト等の地中海沿岸およびその付近の国々を含めたウスクルらの研究でも、牧畜を背景として名誉を重視していると考えられている地中海沿岸のそれらの国々の人々は、相互独立的自己観を示しやすかった。加えて、自己高揚傾向や自己表現、自己への注意傾向は、幸福感（社会関係における満足度）と関連していた。その一方で、他者との結びつきを含む指標や認知課題の一部ではやや相互協調的であった（Uskul et al., 2023）。また南米における人々を対象とした研究では、やはり認知様式の面では包括的でありながら、相互独立性の1つの指標でもある感情表出が顕著であった。特に親しい他者のネガティブな出来事に対して、親しみやふれあいといった関与的肯定感情が表出されやすかったことから、そのような感情表出が他者に対する配慮や関心のサインとなり相互協調性が保たれているのかもしれない（Salvador et al., 2024）。

よく授業では、東洋や西洋以外の他の地域はどうなんですか、特にアフリカはどうなんですかといったコメントが出てくる。北米とガーナとの比較を行った研究によれば、ガーナでは、関係性を重視する一方で、親しい人々は足をひっぱる存在でもあるといった認識が顕著である（Adams, 2005）。認知、感情、自己に関しての集約的な研究は現在のところ進められつつあり、本章で紹介した中東におけるパターンとともに、肯定的な感情、とりわけ自尊感情や誇りといった脱関与的な感情を自分の成功のみならず親しい他者の成功にも強く表出するといった興味深い傾向がこれまでのところ知られている（Osei-Tutu et al., 2024）。

これらの知見は、中東やその近接する地中海沿岸、そして南米ではその地域特有の歴史的な背景や人間関係の形成や維持の方略を反映した相互独立・相互協調の形態があることを示唆している（Kitayama & Salvador, 2024）。このような研究を進めていくことは、ＷＥＩＲＤが大多数を占める心理学研究の現状を改善するとともに、心と文化の相互構成過程についてのさらなる理解を深め、なぜその文化が存在しているのかの論拠を提供するだろう。

## 注

（１）あくまでも私的な意見であるが、本書で紹介しているような文化比較研究は、その土地に文化心理学者（ないしは社会・文化心理学の教育や訓練を受けた者）がいない限り、実行が極めて難しい。中東、南米、アフリカに心理学者がいないわけではない。しかし彼らの関心は、その国々が直面している現実的な問題の解決に焦点を当てた分野、特に貧困やそれに伴うメンタルヘルスにある。それゆえに研究がありそうでないのが実際のところである。文化心理学者が文化人類学の訓練を受け、その土地に入り込み、その土地の言語を使って実験研究を行うのが理想であり、私のかつての憧れであった。

# 第4章　脳内指標と文化

学部生の頃、夜な夜なシムシティ（SimCity 2000）をやっては、メルトダウンによる終焉を繰り返した。ゲームの性質なのか、私の学習能力のなさなのか、よくわからないが、後者は大いにあるかもしれない。当時、授業で言語相対性仮説に興味をもち、またタモリのボキャブラ天国が好きで、ユーモアを理解できる人間の能力が気になってしょうがなく、さらに週末は知的障害のある人たちとのソフトボールチームで汗を流しながら、ボールによる物理的なキャッチボールはともかく、日常の当たり前の言葉のキャッチボールが全く当たり前でないことを初学者なりに実感していた。つくづくこの時期は、自分の（猫のひたい並みに狭い）当たり前が一体何なのかよくわからなくなっていた。そんなこんなで広義の言語に興味があると自分でも認識し、そして指導教官にもそう思われていたのだと思う。ある時、指導教官からこれやってみないかと持ちかけられたのは、感情的発話に関する研究だった。

感情的発話とは、快い意味または不快な意味の単語や文章を快いまたは不快な声の調子で読んだものである。例えば、自分の作った料理に「それ、いいね」と言われたとしよう。字義どおりに取れば「良い」料理となるが、それがもしもぶっきらぼうに言われたとしたら字義通りにとるのは難しいだろう。むしろ「もう出すな」といった意味合いが含まれているかもしれない。この例からもわかるように、付随された声の調子に含まれている感情が何であるかは発話意図を理解する上で極めて重要である。

指導教官は、かつてアメリカで教鞭をとっていた際に、アメリカ人学生を対象に英語での感情的発話を用いてこの問題に取り組んだ。そして感情的発話の処理に声の調子が影響を与えることを示した（Kitayama, 1996; Kitayama & Howard, 1994）。ただ今から思えば、そこで示されたアメリカ人における声の調子の影響は、条件によって調整されてしまうような解釈の難しいものであり、頭打ちの状態になったので、日本語の感情的発話を作成してやってみたらどうだろうといった思いつきがあったのだろう。もちろん当時の私は何もわかっておらず、おもしろそうなのでやり始めた。友だちをいろいろ研究室に呼んで、まさに夜な夜な感情的発話を吹き込んでもらったのは楽しい思い出である。

とはいえ自身の学習能力がないとつくづく思わされるのは、心理学実験に適切な感情的発話のセットを作るためのノウハウがなく、試行錯誤といえば響きはいいが、同じようなことをやっては失敗を繰り返すことばかりしていた点だ。大学院に入ってもそれは改善されなかった。このような刺激セットをめぐる暗黒めいた時期（詳細は「情報玉手箱」というウェブページ［https://tamatebako.i.nagoya-u.ac.jp/7909/］をご参照ください）に、フィリピンからポスドクの研究者がやってきたのは光明以外の何物でもなかった。小さい頃よく見ていた「ボルテスV」の歌を一緒に歌って励まされたこともあり、データ収集に奔走した結果、日本語話者は英語話者よりも声の調子の影響を受けやすいこと、そしてフィリピンでもこの声の調子の優位性は見られ、しかも言語（タガログ語か英語か）の影響はないことがわかった（Ishii et al., 2003, Kitayama & Ishii, 2002）。

この研究をめぐり、学習能力がないとつくづく思わされたのは、他にもある。専攻内で知覚を専門としている研究者の前で発表すると、毎回同じ注文がつき、毎回適切な答えをすることができなかったことだ。その注文とは、声の調子または言葉の意味の干渉のモデルがよくわからないというものだった。また言語に関心のある認知心理学者からは、文化の影響が処理のどの段階で見られるのかよくわからないということも常に言われた。これらの問いは、実際のところかなり大きいものなので、率直なところ現段階でも正しく答えられるのかはよくわからない。しかし後続で見ていくように、暫定的な解は示されているように思う。そしてこのような問いは、実験手法の限界、そして反応時間や正答率に依存していた測定の限界を示唆する。

夜な夜なシムシティをしていた頃、当時の自分がさまざまな論文を目にするにつれ、気になっていた研究者の1人が当時オハイオ州立大学にいたジョン・カシオッポ（John Cacioppo）だった（研究室の Macintosh のハードディスクの名前を Cacioppo にしていたぐらいだ）。カシオッポは、１９８０年代のリチャード・ペリーとの説得研究で名を馳せていたが、当時（90年代終わりから２０００年前後）としては（少なくとも私の理解では）珍しく社会心理学者ながらも生理指標や脳波を用いた社会的認知や感情に関する研究を行っていた。自分がやっている感情的発話の研究にこうした客観的な指標を導入して、いずれあの専攻内の知覚の研究者に対して一泡吹かせたいと思っていた。振り返れば、カシオッポによるそのような研究こそ、現在の社会神経科学の出発点である。[1]

そして同時期に、文化心理学が掲げる能動的な「人間像」をある意味示唆する重要な研究が報告された。カーナビのない当時、タクシー運転手にとって必須だったのは、もちろんその運転技術もさることながら、客のどんな行き先にでも対応できるよう、地図を頭に叩き込むことであった。そのためには日々の経験を通じて道という道を学習し記憶しなければならない。興味深いことに、この日々の学習の研鑽は、空間的記憶の形成に関連している海馬の大きさに影響を与えた。具体的には、ロンドンのタクシー運転手は、タクシーを運転したことのない統制群と比較し、海馬の後部が大きく、むしろその前部は小さくなっていた（図４－１）。しかもこの傾向はタクシー運転手としての経験が長い人ほど顕著だった（Maguire et al., 2000）。

生物種としてのヒトを想定した場合、明らかにその脳の構造や機能にはその種に基づく制約がある。赤ちゃんから成人に至るまでの認知発達に対応した脳の変化も、その種特有のある意味制約である。しかしここで示された極めて重要な点は、そのような制約とともに、個々人の学習経験によってその内容（空間的記憶）に応じた脳（海馬）の可塑性が存在することである。社会神経科学の黎明期に、このような知見が報告されたのも相まって、２０００年代に入り、文化に生きることが脳にどのような帰結をもたらすのかという観点から、文化心理学においても神経科学的な手法を用いた研究が行われるようになった。実際、２００７年に初めて文化心理学に特化したハンドブックが公刊されたが（Kitayama & Cohen, 2007）、Cultural Neuroscience（文化神経科学）がその１章として含まれた（Chiao & Ambady, 2007）。２０１０年には、*Social Cognitive and Affective Neuroscience* 誌において、Cultural Neuroscience の特集号が組まれた。個人的には２００８年に、当時所属していた北海道大学においてグローバルＣＯＥ「心の社会性に関する教育研究拠点」の援助を受け、国際シンポジウム“Cultural Neuroscience”を企画、開催した（https://lynx.let.hokudai.ac.jp/CSM/workshops/01_

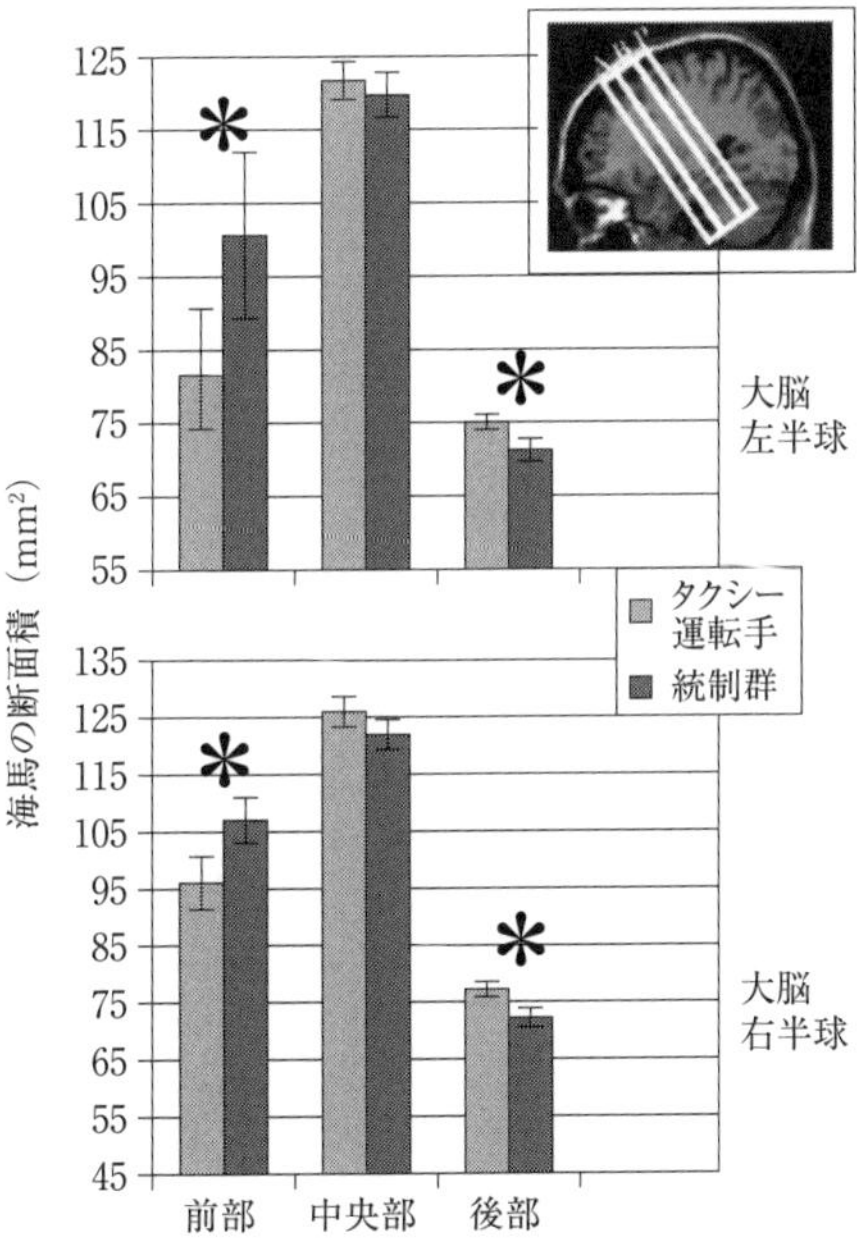


図４‐１　タクシー運転手と統制群の海馬の大きさの違い。$^{*}p < .05$（Maguire et al., 2000）

report08.html)。

このような文化神経科学の着想は、前章までの文化‐心の対応関係から文化‐心‐脳、さらには文化‐心‐脳‐遺伝子への拡張を伴うものである。そして文化環境において人が生きていくその帰結として脳を考え、さらには遺伝子との関連を調べていくのがその研究目的である。ただこのような拡張に対し、否定的な見方をしている文化心理学者もいる。文化→脳という方向性を措定した場合、文化を脳内の表象に閉じ込めてしまい、観念体系としての文化が本来持つその集合性を無視することに対する批判である（Miller & Kinsbourne, 2012)。この批判は的を射ているものの、そのような集合現象を作り出す人々の心の性質の神経基盤を検討することの重要性に変わりはない。

また、決して対立関係にあるとは思えないが、とはいえおそらく存在しているだろう対立図式を挙げるならば、もう一方の極とは、生物種として普遍的な特徴をもつヒトの知覚メカニズム（私の研究に注文を与え続けてきた専攻内の知覚研究者のように)、さらには認知神経科学に代表されるヒトの神経基盤、そしてその生物種の根本である遺伝子の解明となる。この章では、先程までの認知、感情、自己の文化的影響を踏まえた上で、それらが脳内指標を用いた場合にどのように表され、そしてどのような文化の影響が見られるのか知見を紹介していく。その上で、次章において遺伝子までを想定した進化の時間軸を含めた議論を試みたい。

なおこの先紹介するものとして、脳波の測定で得られる事象関連脳電位（ＥＲＰ）に着目した研究が挙げられる。通常、脳波は自発的に絶え間なく表れているが、それとは独立に何らかの事象に対しての脳の電気活動、つまりＥＲＰがある。実験ではある特定の事象に対するＥＲＰを測定するために、参加者に対してその事象を含む条件と含まない条件とを実施し、しかも各条件内にたくさんの試行を用意し、加算平均の上、条件比較を行う。着目するＥＲＰ以外の脳波はここではノイズであると仮定されるが、ノイズであればこのような加算平均の上での条件比較によって相殺されるはずで、もしそれでも何か条件差が見出されるのなら、それこそその条件の差異（つまり着目している事象の有無）によって出現したＥＲＰであると解釈できる。ＥＲＰの長所として、時間解析能に優れ、認知処理の段階を追うことができる点が挙げられる。また測定も比較的手軽である。

加えて、機能的ＭＲＩに代表される脳機能イメージングに関するものも行われている。この指標は空間解析能に優れており、脳のどこに差異があるのかを理解するのが容易である。また、ＥＲＰの場合は、相当数の繰り返しの試行を伴った何らかの課題を実施し、その条件比較によって事象に対応した脳電位の測定が必要であるが、脳機能イメージングの場合、必ずしも課題は必要としない。安息時に測定し、その構造的特徴に基づいた議論も可能である。ただし、時間解析能に優れていないため、認知処理のプロセスを追うことが困難である。また装置が限定的であり費用も高価であるため、測定も手軽とは言えない。

# 認　知

## 分析的・包括的認知

分析的・包括的認知の洋の東西の差異は、先に紹介したように中心的な事物（例えば動物）とその背景のうちどこを見るのかに関する注意配分の研究から明らかである。その際、指標として用いられたのは正答率（Masuda & Nisbett, 2001）や眼球運動（Chua et al., 2005）であった。グッチェスらは、中国人およびアメリカ人参加者に対して、同様の刺激を見せ、その事物に対する好みを判断するよう求めた。その際の脳活動を計測したところ、中国人とアメリカ人のいずれも事物の処理にかかわる領域が賦活していたが、そのうち左の中側頭回（事物に関する意味知識の検索に関連した領域）、角回（絵のような視覚的な情報に基づいて言語的な意味知識にアクセスするといった異なった様式間での情報処理に関連した領域）、右の上側頭回（空間的な情報の処理に関連した脳領域）は、アメリカ人においてより強く賦活していた。一方、背景の処理にかかわる領域では文化差はほとんど見られなかった（Gutchess et al., 2006）。

ゴウらは、アメリカ人およびアジア人の成人および高齢者に対して、このグッチェスらの実験と同様に動物を含む事物と背景からなる刺激を見せ、その時の脳活動を計測した（Goh et al., 2007）。ただし、好み判断を用いたグッチェスらの研究とは異なり、参加者はただその刺激を見るよう求められた。そのため、グッチェスらの参加者と比較し、この研究の参加者は刺激をむしろ受動的に観察していたと言える。そしてこの課題の差異を反映してか、成人においては文化差がほぼ見られなかった。しかしながら高齢者においては、図地弁別に働くとされる右外側後頭複合の反応に文化差が見られ、アジア人よりもアメリカ人において強い賦活が生じていた。このゴウらの結果は、当該の社会・文化環境に長年生き、その慣習やルールにより慣れ親しんでいると考えられる高齢者では文化特有の認知様式がより顕著になり、それが脳内指標での差異として表れたと解釈できる。

またヘデンらは、先に紹介した北山らの線と枠課題（Kitayama et al., 2003）の改良版を用いて、アメリカ在住のアジア人とアメリカ人におけるその課題遂行時の脳活動の差異を調べた。日常の思考様式に合った課題（アジア人においては相対課題、アメリカ人においては絶対課題）と比較し、思考様式に合わない課題（アジア人においては絶対課題、アメリカ人においては相対課題）において、前頭や頭頂の領域（具体的には、中心前回や頭頂小葉など）が強く賦活していた（図4-2）。これらは意識的なコントロールに関与している部位であることから、思考様式に合わない課題を遂行するにはより注意を傾けなければならず、それだけ意識的なコントロールを必要としていることがうかがわれる。

加えて、ＥＲＰに関する研究でも、分析的・包括的認知に対応した興味深い差異が示されている。ルイスらは、オッドボール課題遂行中における脳波を測定することで、アジア人が文脈に対して注意を向けやすい現象を調べた（Lewis et al., 2008）。通常、オッドボール課題では、高頻度に呈示さ

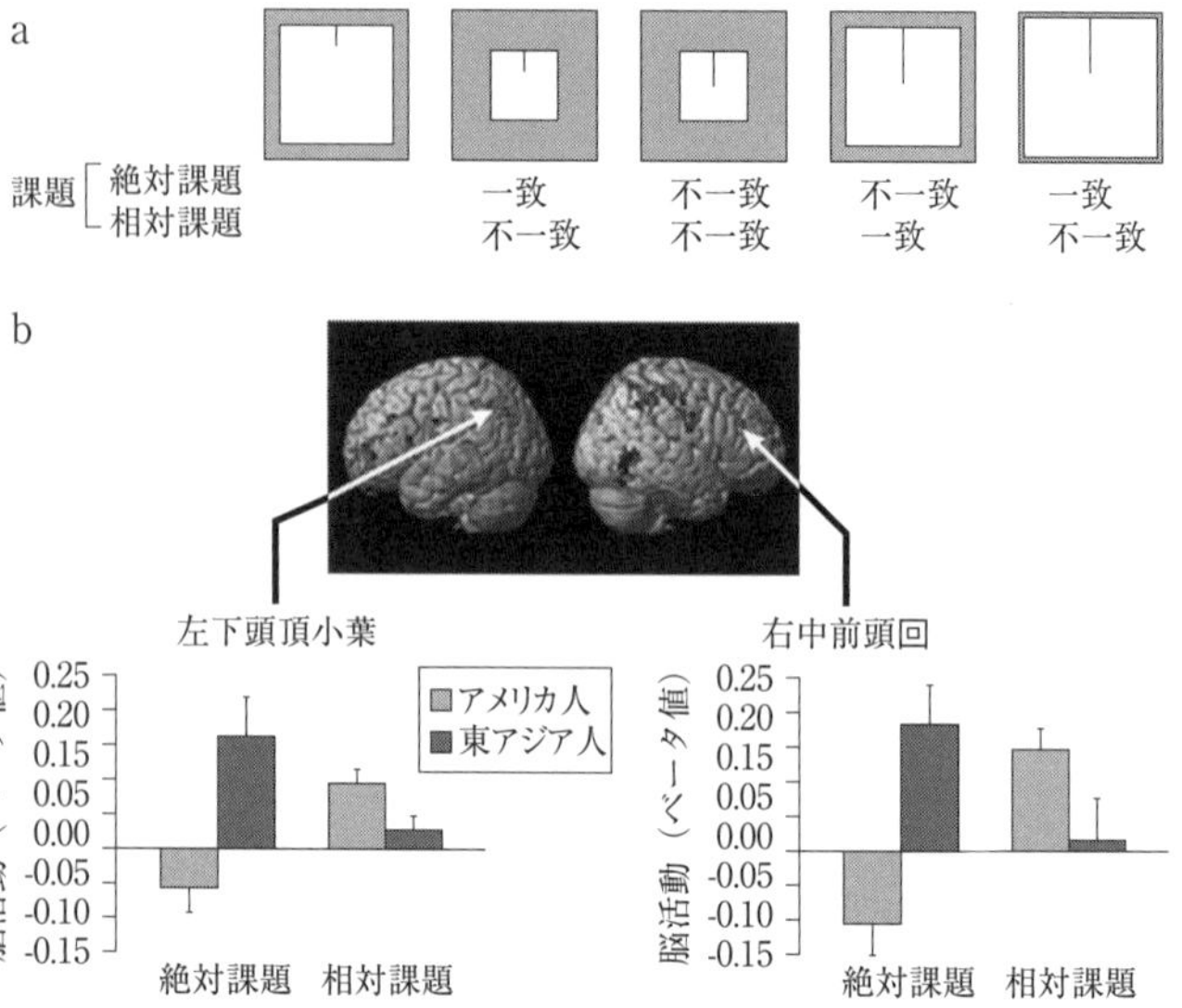


図４-２　a: 改良版の線と枠課題、b: 前頭・頭頂領域の活動における課題と文化の影響。参加者は順に提示される線と枠刺激を見て、それが１つ前の刺激の線と同じ長さか（絶対課題）、または同じ比率か（相対課題）を判断した。上記の例では、同じものを一致、同じでないものを不一致としている（Hedden et al., 2008）

れる標準刺激と低頻度に呈示される標的刺激が用いられ、参加者は標的刺激に対して反応するよう求められる。その際の脳波を計測すると、低頻度の標的刺激が呈示されたときに、Ｐ３００と呼ばれるあるＥＲＰの成分（事象からだいたい３００ミリ秒を頂点潜時とした陽性方向の振幅を示す脳電位）が大きく検出されることが知られている。頻度の低い刺激が出てくるとついそこに注意がいってしまうが、それ故に刺激への注意を示すＰ３００が検出されやすくなるのである。ルイスらはその通常のオッドボール課題を改良し、似た形の数字からなる標準刺激（例えば８）と標的刺激（例えば６）に加え、低頻度に呈示されるアルファベット刺激（例えばＴＣＱ）を用意した。そして参加者に対して、標的刺激が出てきたらボタンを押し、それ以外は無視するよう求めた。

このオッドボール課題で注目していることは、低頻度で無関係なアルファベット刺激に対して、どの程度つい注意を向けてしまうかであった。ルイスらのこの実験の参加者は、ヨーロッパ系アメリカ人とアジア系アメリカ人だったが、前者と比較し、後者がその包括的な認知様式を反映し、対象となる刺激のみならず無関係な低頻度の刺激に対してもつい注意を向けてしまいやすいのであれば、低頻度のアルファベット刺激に対してもＰ３００は大きく検出されるだろう。実験の結果はその予測と一致するものであった。加えてこの実験では、参加者の相互独立・相互協調の程度を測定するために、参加者はその尺度（Singelis, 1994）に回答した。そして低頻度のアルファベット刺激に対するＰ３００の文化差（人種差）と相互独立・相互協調の関連を調べた。その結果、低頻度のアルファベット刺激に対するＰ３００の文化差は相互協調性の程度によって説明されることがわかった。つまり、ヨーロッパ系アメリカ人と比較しアジア系アメリカ人はより相互協調的であり、しかも相互協調性が高い人ほどこのＰ３００が大きく、無視すべき低頻度のアルファベット刺激に対してつい注意を向けやすいことが示された。

## 原因帰属と自発的特性推論

行為を説明する際に、その行為者の内的な属性をより重視するのか、それともその周囲の状況要因をより重視するのかといった文化差も脳活動に反映されるのだろうか。ハンら（Han et al., 2011）は、いくつかの物体（例えばボール）または魚からなる場面で、ある物体（魚）が動き、その力をあたかも受けたかのように別の物体（魚）が動き出すようなとき、その後から物体（魚）が動いた原因はそれそのものの内的な要因（例えばその物体が重いから）によるのか、または最初に動いた物体（魚）が影響を与えたからだといった状況要因に対する質問をアメリカ人と中国人参加者に与え、そのときの脳活動を計測した。その結果、いずれの文化にかかわらず内側前頭前野や左側の頭頂葉皮質の活動が見られた。ただし推論にかかわるような内側前頭前野の賦活の程度に文化差はなかったが、文脈処理にかかわるとされる左側の頭頂葉皮質の賦活の程度は、アメリカ人よりも中国人において顕著だった。これは状況要因を考慮しやすいことを示してきた行動指標の研究と一貫するものである。

関連して自発的特性推論の文化差にも先述したが、行動指標のみならず、ＥＲＰにおいてもその差異が報告されている（Na & Kitayama, 2011）。この実験におけるヨーロッパ系アメリカ人とアジア系アメリカ人の参加者は、最初にあるターゲットの写真の人物とその行動記述のセットをいくつも見せられ、それを記憶するよう求められた。次に、参加者は語彙判断課題を行い、呈示される単語が無意味つづりか、それとも英語の単語として意味をなしているかの判断を行った。その際、毎試行最初に出てくる固視点（視点を固定してもらうための点）の代わりとして、先程呈示されたターゲットと同じ顔写真が提示された。また提示された単語は、その人物の行動に関連した特性語（一致）、それとは無関係の特性語（不一致）、もしくは無意味つづりであった（図4－3A）。もし参加者が自発的特性推論をしているのであれば、ターゲットの写真とその行動特性を示す性格特性とを結び付けて判断しやすいだろう。そしてその結果、無関係な性格特性語が提示されたときには、期待していたものと異なるため、それだけ判断が遅くなるだろう。語彙判断課題での反応時間を分析してみたところ、自発的特性推論に基づくその予測と一致し、ヨーロッパ系アメリカ人は、アジア系アメリカ人よりも無関係な性格特性語に対する判断は遅くなっていた。

このナと北山の研究では、判断時におけるERPも調べた。それにあたり、干渉効果の指標としてN400というERPの成分（事象からだいたい400ミリ秒を頂点潜時とした陰性方向の振幅を示す脳電位）に注目した。これは意味的な不一致を反映した指標であり（Kutas & Hillyard, 1980）、例えば、感情的発話の意味を判断する際、その意味の快・不快とそれに付随する声の調子の快・不快が不一致のときには、一致のときよりもN400が大きく検出される（Ishii et al., 2010; Schirmer & Kotz, 2003）。この指標の特性に基づけば、参加者が自発的特性推論を行っているとき、特に無関係な特性に対する反応に対してN400が大きく検出されるだろう。実際のところ、行動指標と一貫し、無関係の特性に対する判断（不一致試行）におけるN400は、アジア系アメリカ人よりもヨーロッパ系アメリカ人において大きくなっていた（図4－3B）。加えて、その実験後に回答させた

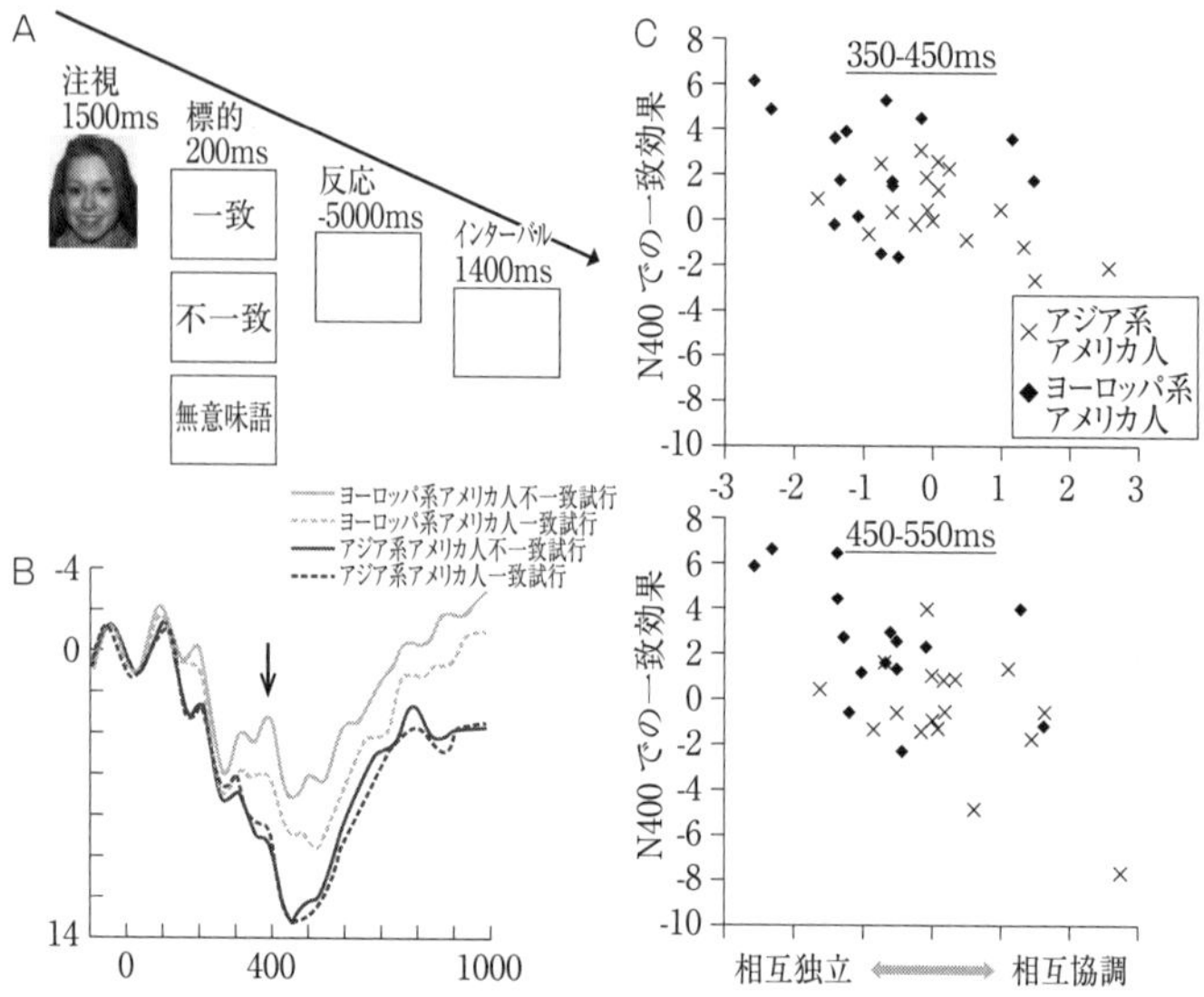


**図4－3**　A: 一試行の流れ、B: 課題遂行中のERP、C: 相互独立性／協調性とERP。縦軸における一致効果とはN400の不一致試行と一致試行の差を示している（Na & Kitayama, 2011）

相互独立・相互協調尺度（Singelis, 1994）との関連を調べたところ、N400におけるヨーロッパ系とアジア系アメリカ人の差は、相互協調性と比較した相対的な相互独立性の程度に媒介されていた。つまり、アジア系アメリカ人と比較しヨーロッパ系アメリカ人はより相互独立的であり、しかもこの相互独立性が高い人ほど無関係の特性に対するN400が大きく（図4－4C）、自発的特性推論を生じやすいことが示された。

　加えて、自発的特性推論に対する社会階層による影響もERPを用いて調べられている。ヴァーナムら（Varnum et al., 2012）は、アメリカ人の学生参加者にこのナと北山による自発的推論課題を行い、社会階層による差異を検討したところ、社会階層が高いほど自発的推論に基づく反応をしやすく、この無関係の特性に対する判断におけるN400が大きく検出された。

## 創造性

創造性とは、一般的に新奇的で有用なものを生み出す能力であると考えられている。新奇的で有用なものを生み出すには、発想に加えて、その評価も重要である。そして先に紹介した相互独立・協調の価値観を反映したユニークさと調和の重視の文化差は、この評価に影響を与える可能性がある。東アジアにおいて相対的にユニークさを重視しないのであれば、たとえ何か突拍子もないものがあったとしてもそれを良いものとする評価は抑制されるかもしれない。このようなユニークさを抑制する傾向は低い創造性の原因となるかもしれない。

アイワナウスキらの韓国人とイスラエル人を対象とした研究（Ivancovsky et al., 2018）はその可能性を示唆する。彼らは創造性として拡散的思考（特に解が1つに決まっていない場合に、自分なりのアイディアを1つに限らずにたくさん考えること）に着目した。韓国人とイスラエル人参加者は、呈示されたさまざまな日常的事物に対し、その使い方を制限時間内に思いつく限り書くよう求められた。そこで生成された数、書かれた内容の多様性、新奇性を創造性の指標としたところ、いずれの得点もイスラエル人のほうが高かった。さらに彼らは、脳計測用に改良して新奇性のみに特化した課題と比較のための統制課題を用い、文化比較を行った。この場合も韓国人と比較しイスラエル人の創造性（新奇性）の得点が高く、一方で統制課題と比較し新奇性のみに特化した課題における左の下前頭回の賦活の程度は、韓国人において顕著だった。しかも左の下前頭回の賦活の程度が高い個人ほど、創造性の得点が低くなっていた。左の下前頭回は、反応抑制を調べる課題（例えば、試行中にある文字が出た場合には反応をしてはいけないと教示されるような課題）でも活動が検出される部位であり、その課題中の賦活は、アメリカ在住のヨーロッパ系アメリカ人や日系アメリカ人よりも日本在住の日本人において顕著であることも知られている（Pornpattanangkul, et al., 2016）。それを踏まえると、反応抑制に関する脳活動の文化差の程度が創造性の文化差の一因となっていることが示唆される。

## 感　情

### 内集団優位性

感情認識における内集団優位性は、脳内指標を用いた場合でも報告されている。例えば、チャオらは、日本人およびアメリカ人に対し、日本人およびアメリカ人が幸せ、怒り、恐れ、中性の表情を示している写真を提示し、それがどのような感情状態を示しているかを幸せ、怒り、恐れ、中性から選んで回答するよう求めた（Chiao et al., 2008）。そしてその判断時の脳活動を計測した。感情反応の中枢と考えられている扁桃体に注目して分析したところ、左右の扁桃体いずれとも、恐怖表情に関しては内集団の刺激（つまり日本人参加者にとっては日本人写真、アメリカ人参加者にとってはアメリカ人写真）に対してのほうが外集団の写真よりも賦活していた。

内集団の表情に対して関連する脳領域が賦活する現象は、表情からその人物の意図を推測する課題を用いた場合でも見られている。アダムスらは、アメリカ在住のアメリカ人と語学研修のためにアメリカを訪れていた日本人を対象に、アジア人および白人の目の部分のみを切り取った写真を提示し（図4－4）、それぞれの人物が示している意図を4つの選択肢から1つ選ぶよう求めた（Adams et al., 2009）。その結果、その意図の読み取りに関する正答率に内集団優位性が見られ、アメリカ人参加者は白人の写真に対して、また日本人参加者はアジア人の写真に対し、その正答率はより高くなっていた（図4－5）。またこの判断時の脳活動を測定したところ、他者の意図の推測に関与すると考えられている上側頭溝後部においても内集団優位性が見られた。アメリカ人参加者では白人の写真に対して、日本人参加者ではアジア人の写真に対して、それぞれ強く賦活していた。

## 感情調整

内集団優位性に加え、どの程度感情をコントロールすべきか、その規範についての文化的差異による影響もこれまで知られてきている。一般的に、アジアにおいては感情をコントロールすることが重視され、知覚された感情を抑制するよう訓練する機会も多いのに対し、むしろアメリカにおいては人々の明示的な感情表出が重視されている（Mauss & Butler, 2010; Salvador et al., 2024）。村田

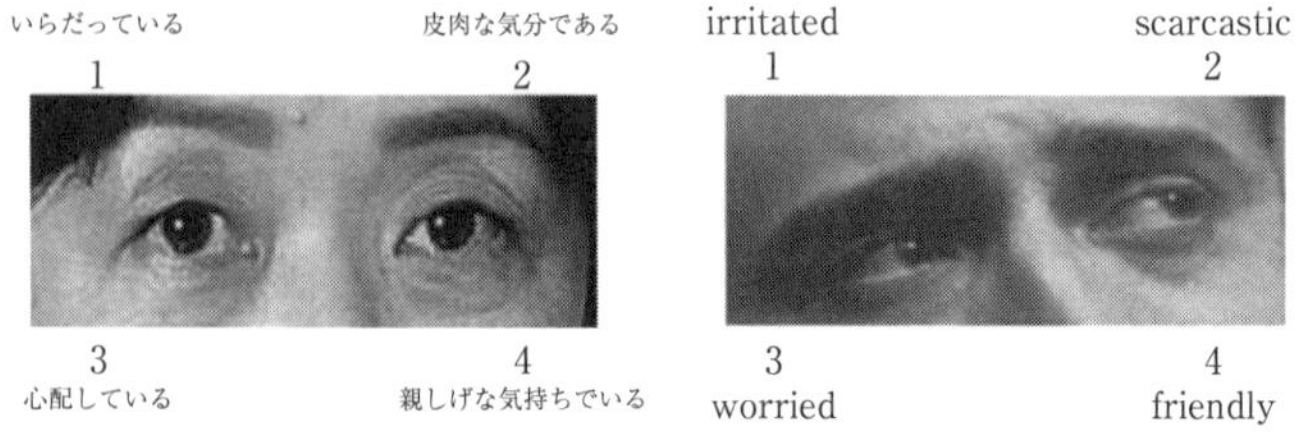


図4-4　提示された写真の例。この場合は3の心配している（worried）が正答となる（Adams et al., 2009）

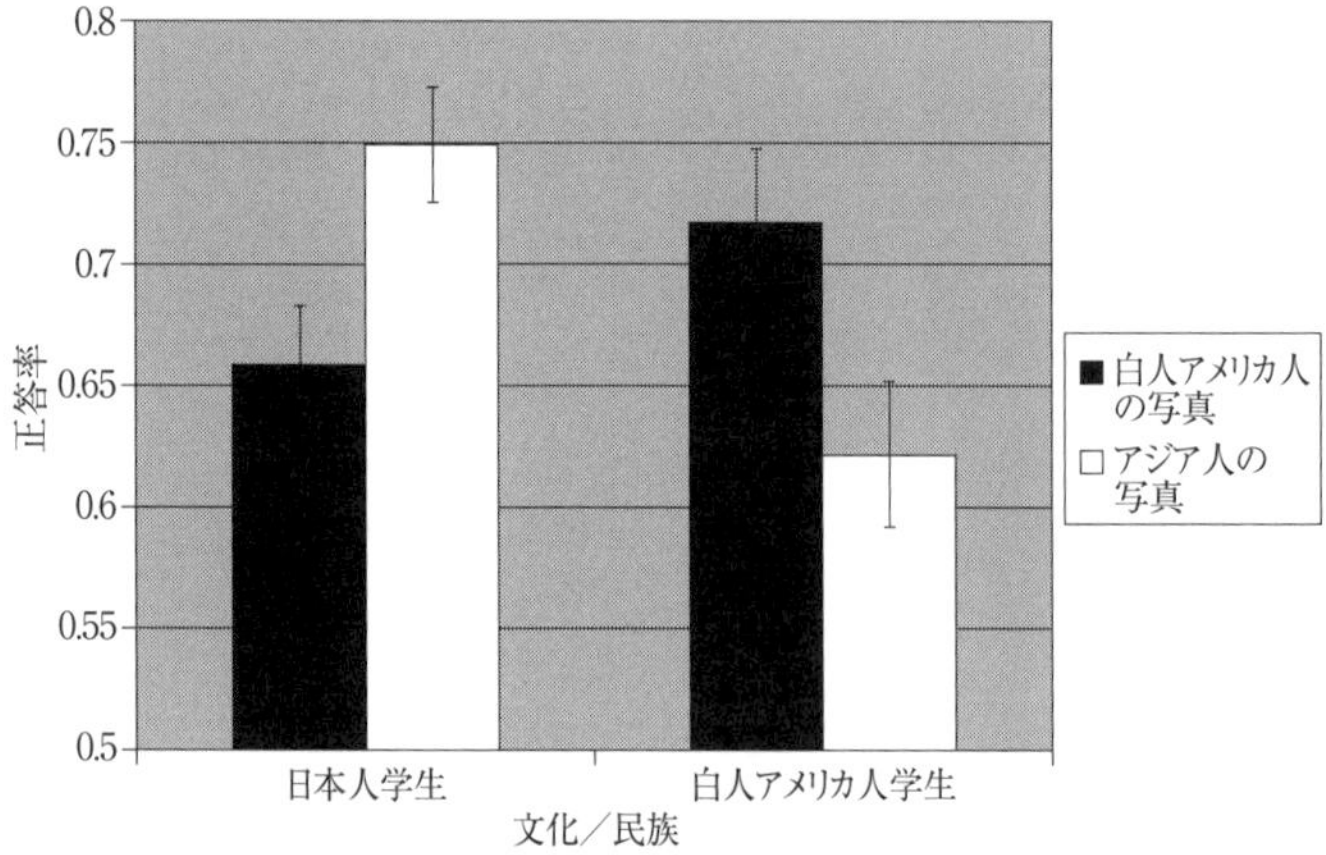


図4-5　意図の読み取りに関する内集団優位性（Adams et al., 2009）

ら（Murata et al., 2013）は、このような感情のコントロールに関する規範の文化的差異が脳内指標に反映されているかを検討するため、感情価を伴った刺激に対する注意を示す陽性電位である後期陽性成分（LPP：late positive potential）に注目した。

村田らの研究では、ヨーロッパ系アメリカ人の大学生およびアジアからの留学生に対して、不快ないしは中性的な写真刺激を何枚も見せ、最初の刺激のセットに対しては写真から喚起される感情状態に注目するよう求め（注意条件）、次の刺激のセットに対しては写真から喚起される感情を抑制し、心を落ちつけるよう求めた（抑制条件）。中性刺激と比較し不快刺激の感情価は強いことから、注意条件においては、いずれの文化においても不快刺激に対するLPPは中性刺激に対するそれよりも強く見られた。しかし抑制条件の場合、アメリカ人では不快刺激に対するLPPが注意条件とほぼ同程度見られたのに対し、アジア人では特に刺激が提示されてから1500ミリ秒以降においてその程度が減衰し、注意条件における不快刺激に対するLPPよりも有意に値が小さくなった。この結果は、感情抑制に対して文化的に慣れ親しんでいるアジア人は指示通りに刺激に対する感情的反応を抑制することができたのに対し、アメリカ人は抑制することができず、ついその感情価に注意を向けてしまったことを示唆する。

なお、ハンプトンら（Hampton et al., 2021）は、村田らの研究を踏まえ、ヨーロッパ系アメリカ人の大学生および中国とメキシコからの留学生に対して、不快刺激と快刺激を用い、さらに注意条件と抑制条件のみならず、写真から喚起される感情を高めるよう教示された促進条件も加えた上で、この感情調整の仕方とＬＰＰとの関連の文化差を検討した。この場合、村田らの結果とは異なり、アメリカ人参加者も中国人参加者も注意条件と抑制条件との間でＬＰＰの差異はなかった。メキシコ人参加者に関しては、快刺激に対してのみ、注意条件と比較し、抑制条件のＬＰＰは有意に小さくなった。一方、アメリカ人とメキシコ人参加者において、刺激の快・不快にかかわらず、注意条件と比較し、促進条件のＬＰＰは有意に大きくなった。感情反応を強めようとすることにより注意が向けられることは、アメリカおよびメキシコにおける感情表出の規範の重要性を示唆するだろう（同様の示唆を示すものとして、Salvador et al., 2024を参照のこと）。これに対し中国人参加者では、刺激の快・不快にかかわらず、注意条件と促進条件との間でＬＰＰの差異はなかった。

その後、アメリカ在住の東アジア人（Kraus & Kitayama, 2019）や日本在住の日本人（Kraus et al., 2024）を対象とした研究も行われている。それらは、相互協調性の高い参加者に注目した場合、不快刺激に対するＬＰＰの振幅が抑制条件において低下するが、相互協調性の低い参加者ではそのような傾向が見られないことを明らかにした。感情抑制の規範による効果は、相互協調性の高い個人において顕著であることが示唆される。

## 表情や声に含まれた感情の認識

他者の表情の理解にあたって、先述の通り、アジア人はさまざまな手がかり、例えばその他者と一緒にいる他者の表情やその他者が示す声やポーズに表れた感情を考慮しやすい。そしてこの傾向は、ＥＲＰにおいても表れている。

ラッセルら（Russell et al., 2015）は、日本人とヨーロッパ系カナダ人大学生を対象とした研究を行い、先に紹介した増田ら（Masuda et al., 2008）の写真刺激を応用し、中心人物と周囲の４人の表情が一致している場合（いずれも幸せまたは悲しみの表情）と不一致の場合（中心が幸せで周囲が悲しみ、または中心が悲しみで周囲が幸せ）における中心人物の表情判断時のＥＲＰを調べた。先程の認知のところでも意味的な不一致を反映した指標としてＮ４００を挙げたが、この研究でもＮ４００に焦点が当てられた。その結果、一致よりも不一致においてＮ４００が大きくなる傾向は日本人において顕著だった。またこの研究でも、個人の相互独立・相互協調が測定されたが、相互独立であるほどこのＮ４００が小さくなる傾向がカナダ人参加者において見られた。言い換えればカナダ人でも相互独立的でないほど周囲の感情に引っ張られやすくなり、それが不一致のときに相対的に大きくなるＮ４００として表れていると言える。

またこれも先に紹介したように、田中ら（Tanaka et al., 2010）の研究から、オランダ人は表情の感情価に注意を向けやすくそれを無視するのが難しい一方、日本人は、石井らの一連の感情的発話の研究（Ishii et al., 2003; Kitayama & Ishii, 2002）が示唆した語調の優位性と一貫し、語調の感情価に注意を向けやすくそれを無視するのが難しい。同様の文化差は、カナダと中国といった異なった文化の人々を対象としたリュウらの研究（Liu et al., 2015）でも示されている。リュウらは、正答率に加えて脳波も測定し、無視すべき情報の干渉効果の指標としてＮ４００に着目した。そして特に

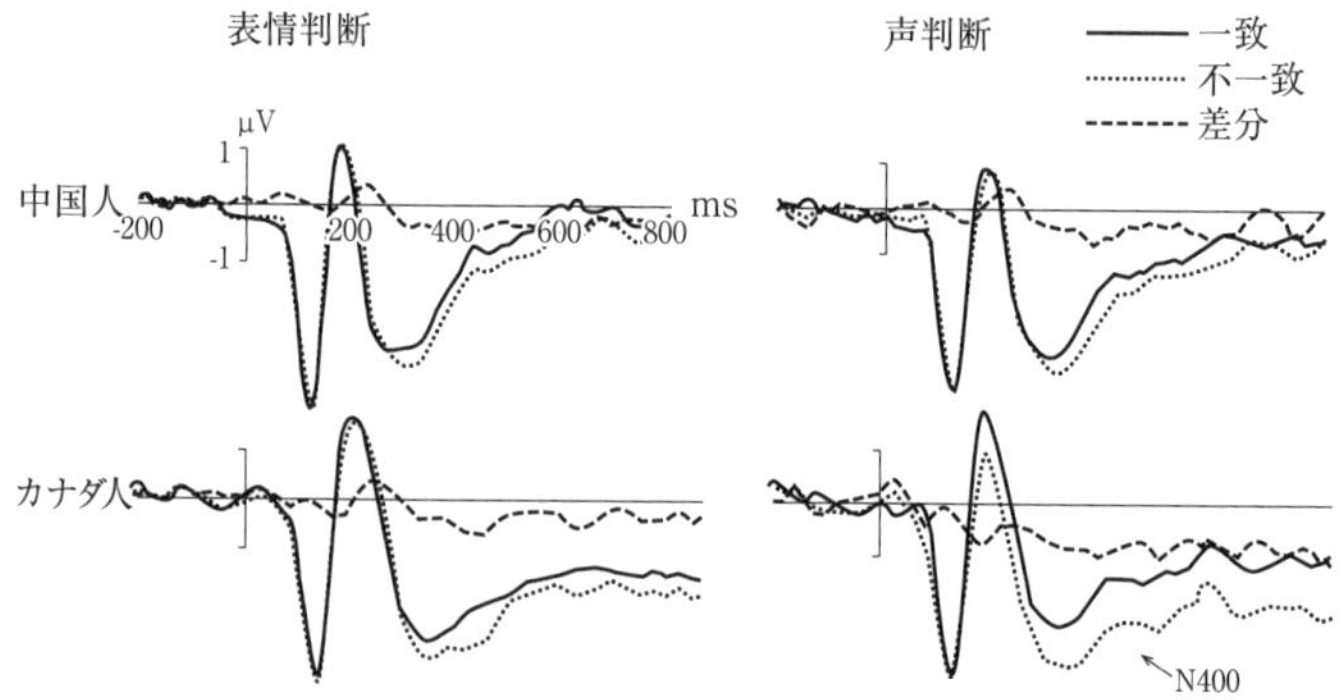


**図4-6**　正中中心部（Cz）における干渉効果。カナダ人は声の調子を判断する際に、表情の影響を受けやすい（Liu et al., 2015）

声の調子の判断において、カナダ人におけるＮ４００の振幅が大きく、彼らが表情に自動的に注意を向けやすいことを明らかにした（図４-６）。加えて、Ｐ２（2番目の陽性方向の振幅を示し、事象からだいたい２００ミリ秒を頂点潜時とした脳電位）についても調べたところ、カナダ人の語調判断の際、一致のときよりも、不一致のときに大きく見られた。Ｐ２も注意の向けやすさに関する指標であると考えられており、Ｎ４００と同様、この指標からもカナダ人が表情により自動的に注意を向けやすいことが示唆された。一方、Ｎ４００に関して中国人では課題間に差異は見られなかった。

ただしリュウらの研究には、快・不快の一致・不一致ではなく、恐れと悲しみという不快感情の一致・不一致を用いている点、また表情と声が同時に示されているものの、その人物がその声を発しているような自然さに欠けた刺激を用いている点といった問題点があった。それゆえに、Ｎ４００という形で中国人における語調の優位性が示されなかった可能性がある。そこで森ら（Mori et al., 2022）はこれらの問題点を改良した日本人（日本語）刺激を作成し、日本人参加者を対象に検討した。その結果、まず正答率に関して、これら先行研究を追試し、表情判断時における声の干渉効果は、語調判断時における表情の干渉効果よりも大きくなっていた。また脳波を分析したところ、N４００に関しては課題間に明確な差異は生じなかったものの、Ｐ２では予測と一致し、表情判断時に一致のときよりも不一致のときに大きく見られた。語調判断時にはそのような差異はなかった。このＰ２のパターンは、日本人が表情よりも相対的に語調に自発的な注意を向けてしまいやすいことを示唆し、語調の優位性を支持するものである。

## 感情的な痛みの知覚と相互協調性

誤って刃物で指を切ってしまうと痛い。このような物理的な痛みのほかに、私たちは感情的な痛みを感じる場合がある。例えば自然災害に見舞われ、家族や財産を失ってしまった人々の姿に痛みを感じずにはいられない。これまでの研究によれば、自身の物理的な痛みの想起の際に前部帯状回および島皮質が賦活し、そしてその賦活は同時に参加している親しい他者が経験した痛みについて想起した場合にも生じる（Singer et al., 2004）。これは、他者の痛みであったとしても、あたかも自分のことのようにいわば共感することによって、自身の痛みのときと同じように処理されることを示唆する。では、このような他者の痛みの処理は、個人がどの程度他者志向（協調）的であるか、さらには相互独立または相互協調が優勢な文化によって異なるだろうか。

チョンたちの研究（Cheon et al., 2013）では、韓国人およびアメリカ人参加者に対して、困難に見舞われている他者を含む写真（例えば、災害で家が倒壊し、頭を抱えているような姿の写真）と、ニュートラルなある他者の写真を見せ、それを見ているときの脳活動を測定した。その後、相互独立・相互協調の尺度（Singelis, 1994）への回答を求めた。まず、ニュートラルな写真と比較し、困難に見舞われている他者を含む写真に対して、前部帯状回や右の島皮質の賦活が強く見られた。そしてその賦活の程度に協調性と文化の影響が見られた。韓国では、困難に見舞われている他者に対するその賦活の程度は協調的な個人ほど強く生じた。一方アメリカではそのような個人差は生じなかった。相互協調を重視している文化において、その価値観と一致した他者志向性をもつ個人ほど他者の感情的な痛みに対して敏感であり、その他者を慮るといったことを通じてその文化で重要視されている価値観を体現していることがうかがわれる。

## 自　己

### 自己認識

自分の性格特性を判断する際に関与する脳部位として内側前頭前皮質（medial prefrontal cortex）が知られている。例えば、最初にさまざまな性格特性を提示し、それが自分と他者のどちらに当てはまっていると思うかを判断させたのち、最後に性格特性語のリストを見せて、それらが最初見た性格特性語であるかどうかについて再認させるような課題を行うと、一般的には自己に関連する特性に対して再認率が高くなる。この自他の特性判断をしている際の脳活動を計測すると、他者判断のときよりも自己判断の時に内側前頭前皮質が賦活しやすい（Craik et al., 1999; Kelley et al., 2002）。このことは内側前頭前皮質が自己概念の処理を担っていることを示している。しかし、相互独立・相互協調的自己観を反映し、自己概念に他者がどの程度かかわっているかに文化差があることを踏まえると、自己と近い関係にある他者（例えば、母親）に対する判断に注目した際、この内側前頭前皮質の活動に何らかの文化差が期待されるかもしれない。

そこで、ジュウらは、この知見を応用し、中国人学生および中国に来たばかりの英語を母語とする西洋人学生に対してさまざまな性格特性語を見せ、それが（1）自分に当てはまっているかどうか、（2）自分の母親に当てはまっているかどうか、（3）ある他者（中国人に対しては朱鎔基、西洋人にはビル・クリントン）に当てはまっているかどうかを判断させ、その後、予告なく再認課題を行った（Zhu et al., 2007）。まず再認課題の結果は、過去の研究の追試に成功しており、いずれの文化の参加者ともに、他者と比べて自己に関連する特性語の再認率は高くなっていた（図4－7）。また興味深いことに、中国人では母親に関連する特性語の再認率が高く、自己のそれとの間に差が見られなかった。一方、西洋人では母親に関連する特性語の再認率は自己の特性語の再認率よりも有意に低くなっていた。そして内側前頭前皮質における賦活のパターンもこれに一致していた。このことは、相互協調的自己観が優勢であると考えられる中国においては、自己に関連する表象と自

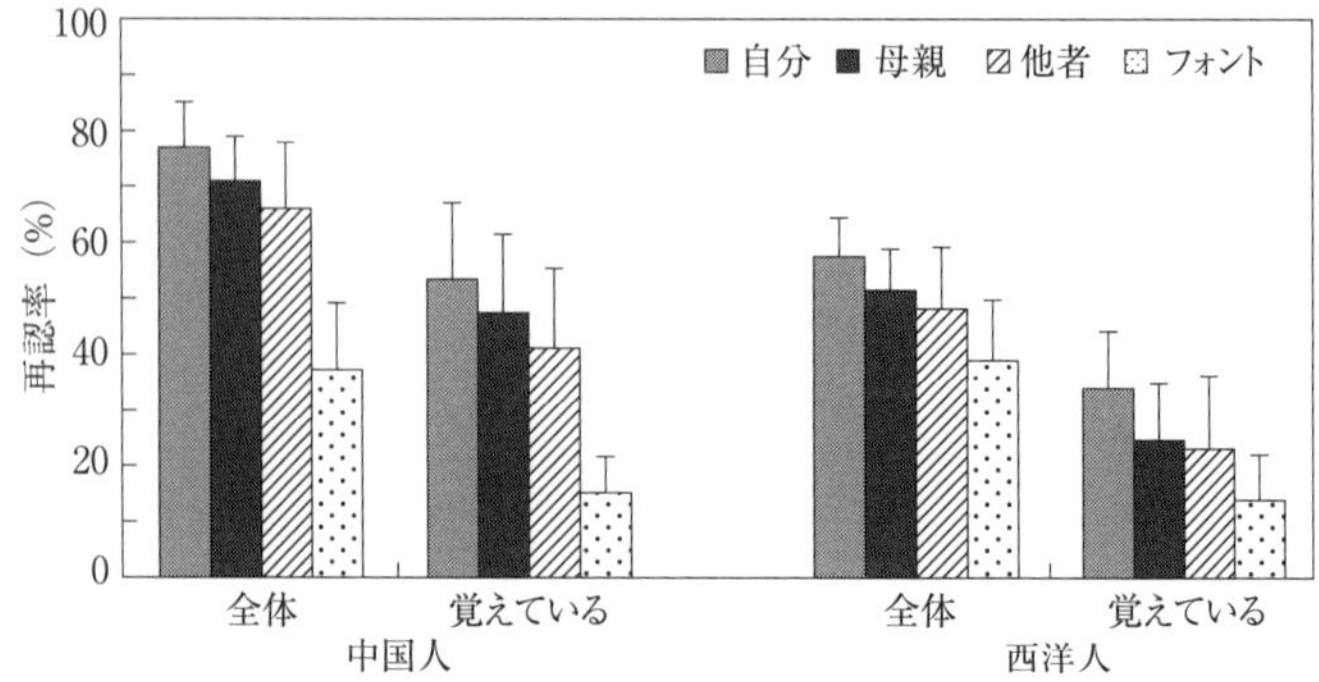


図４-７　特性語ごとの再認率。フォント条件では大文字／小文字判断（西洋人）または太字／細字判断（中国人）を行った。「覚えている」条件は、再認時に「明確に覚えている」か「知っているだけ」かをたずね、前者と判断された語の再認率を示す（Zhu et al., 2007）

己にとって親しい他者（母親）との表象が結び合っているのに対し、相互独立的自己観が優勢であると考えられる西洋の人々では、たとえ親しい他者でもその表象は自己の表象と切り離されていることを示唆する。

また後続のマたちの研究（Ma et al., 2014）では、中国人とデンマーク人を対象とし、自己、またはセレブと呼ばれているような有名人に対して、その性格特性、外見、社会的な役割やアイデンティティに関することについて判断させたときの脳活動を調べた。セレブと比較して自己の判断のときに内側前頭前皮質がより賦活する傾向はデンマーク人で顕著であった。この研究では、側頭頭頂結合部（TPJ：Temporo-parietal junction）も分析対象となっていた。ＴＰＪは、心の理論に代表される他者の信念理解にかかわる領域として知られている（Saxe & Kanwisher, 2003）。このＴＰＪに関しては、社会的な役割やアイデンティティに関する領域での自己についての判断の際、中国人においてその賦活が顕著だった。このような社会的判断の際、特に中国人は自分を他者の観点から捉えようとしており、相互協調的自己観の関与がうかがわれる。実際、この研究でも個人の相互独立・相互協調の程度（Singelis, 1994）が測定されており、相互協調的な人ほどセレブと比較して自己の判断のときにTPJがより強く賦活するという結果であった。

このような特性判断における内側前頭前皮質の賦活パターンと文化との関連は、チャオらによる以下の2つの研究でも調べられている。最初の研究（Chiao et al., 2009a）において、日本人およびアメリカ人参加者は、ある性格特性が自分に当てはまっているかどうかに関する一般的な判断（例えば、一般的には私は誠実である）と、性格特性がある特定の文脈で当てはまっているかに関する判断（例えば、私の母と話すときには、私は正直である）を行った。そしてそれらの判断を行っているときの脳活動が計測された。また計測後に、参加者は、相互独立・相互協調尺度（Singelis, 1994）に回答した。その尺度に対する回答で、相対的に相互独立性が高い人と相対的に相互協調性が高い人を分けたところ、文化にかかわらず、相互独立性の高い人は自分の特性に対する一般的な判断において、また相互協調性の高い人は特定の文脈における自己の特性の判断において、内側前頭前皮質が特に賦活していた。そして、特定の文脈における自己の特性の判断から自分の特性に対する一般的な判断を差し引いた内側前頭前皮質の賦活量は、相互協調性が高い人ほど高くなっていた。つまり相互協調性が高い人ほど、相対的にみて、自己概念は特定の文脈と結びつきやすく、脳活動のパターンもそれに対応していた。

チャオらの次の研究（Chiao et al., 2009b）では、アジア系アメリカ人を対象に、彼らの相互独立ないしは相互協調的な志向性に基づく自己概念をプライミングによって活性化させることで、特性判断時の脳活動に差異が見られるかどうかを検討した。プライミングとは、先行する刺激が後続の刺激に影響する効果を指す（促進・抑制いずれの場合もあり）。特にこのようなプライミングを用いるということは、個人は相互独立および相互協調的な価値や自己観を持ち合わせており、何らかの先行する刺激がそのいずれかを活性化させると、それに応じた反応が引き出せるといった前提を研究者は仮定していることを示唆する。個人を取り巻く文化環境への日常的な参加が人々の心の性質を作っている（またその人も慣習への参加を通じて能動的に学習していく）が、その文化環境がいわば相互独立および相互協調的な価値を含むさまざまな慣習からなっているとした場合はどうだろうか。実際のところそのような文化環境は存在するだろう。例えば、アジアにありながら欧米の植民地であった歴史的経緯により、いずれの文化的慣習も成り立っているような地域（例えば香港）、さらには欧米に移民したアジア人のように、家族を中心としてその東アジア文化の慣習を保ちながらも、欧米文化の日常を生きているような場合（例えばアジア系アメリカ人）である。よってこの研究の参加者であるアジア系アメリカ人には、相互独立・協調が共存しており、プライミング課題の内容によってどちらかが活性化されるという前提の上で、この研究は行われている。

参加者は、まず相互独立・協調に対応した自己概念の操作として一般的なプライミング課題（Trafimow et al., 1991）を行った。具体的には、個人のパフォーマンスに基づいた選択に関する記述を読んで判断を行う相互独立プライム群と、家族との関係に基づいた選択に関する記述を読んで判断を行う相互協調プライム群のどちらかにランダムに割り振られた。その後、前述のチャオらの最初の研究で使われたものと同じ判断課題を行った。その結果、相互独立プライム群の参加者は自分の特性に対する一般的な判断において、一方相互協調プライム群の参加者は特定の文脈における自己の特性の判断において、それぞれ内側前頭前皮質が特に賦活していた。これら一連のチャオらの研究によれば、単純に文化が異なれば自己概念とそれに対応する脳活動のパターンが異なるというわけではない。むしろ、これらの結果は、相互独立・協調的自己観を志向する程度によって自己表象が異なり、その処理にかかわる脳領域の賦活のパターンも異なってくることを示唆している。

さらに自己認識がかかわる内側前頭前皮質、特に腹内側前頭前皮質に関して、相互独立性が高い中国人ほどその灰白質の容積が大きいことが報告されている（Wang et al., 2017）。また腹内側前頭前皮質と一部重なりのある眼窩前頭前皮質に関して、相互協調的な日本人ほどその灰白質の容積が小さいことも示されている（Kitayama et al., 2017）。眼窩前頭前皮質は、刺激と報酬のモニタリングや、そのモニタリングに基づいた意思決定に関連する。自己利益の抑制と関連した相互協調性の価値観を日常生活において支持し、それに付随した行動をとることの帰結が眼窩前頭前皮質の容積の減少という形で表れているのかもしれない。

## 自己評価

ここまで紹介した特性判断における脳計測では、その特性のポジティブ・ネガティブによる差異は考慮されていない。一方で、先の章で紹介したような自己高揚の文化差を踏まえると、人は自己のポジティブな情報に自動的に注意を向けやすいという傾向は、欧米において顕著であり、むしろアジア人はネガティブな情報に自動的に注意を向けてしまうかもしれない。ただ、ＥＲＰに焦点を用いた研究の結果はやや一貫していない。

例えば、カイらの研究（Cai et al. 2016）では、中国人および中国の大学に交換留学で来ていた欧米人参加者に対して、さまざまな性格特性語を見せ、それが自分に当てはまっているかどうかの判断をさせた。自動的な注意を示す指標として、Ｎ１７０という約１７０ミリ秒を振幅のピークとした陰性電位に注目したところ、中国人ではポジティブな単語よりもネガティブな単語に対し大きい反応が見られたのに対して、アメリカ人では差が見られなかった。つまり中国人参加者は、自動的にネガティブな情報に注意を向けやすいことが示唆された。しかしＬＰＰにも着目したところ、自分に当てはまっていると判断された特性のうち、それがポジティブよりもネガティブのときに大きな反応が見られた。自己高揚が示すように、自分のポジティブさを前提としているにもかかわらず、ネガティブな性格特性を自身に認めるのは矛盾した反応と言える。そのような矛盾の表れ（つまりそれだけ注意を向けざるをえなかったもの）としてこの結果は解釈できる。そして参加者の文化にかかわらず、ＬＰＰにおけるこのパターンが生じた。

これに対し、ヨーロッパ系アメリカ人と中国人留学生を対象としたハンプトンとヴァーナムの研究（Hampton & Varnum, 2018）では、毎試行、あるターゲット（私か見知らぬ他者か親しい他者［母親］か）を示した上で、その後出てくる性格特性語のポジティブ・ネガティブを判断させた。そしてその判断にあたり、毎試行そのターゲットの人物について考えるよう教示した。この研究では、意味的な不一致の指標としてこれまでにも出てきたN400を指標として用いた。自己高揚の場合、自分のポジティブさを前提としているため、むしろ自分とネガティブな単語がセットのときに意味的な不一致が生じ、N400が大きくなるだろう。予測と一致し、この傾向はヨーロッパ系アメリカ人において生じたが、中国人では生じなかった。

先に紹介したように、相互協調を重視した価値観のもとでは、他者のとりわけネガティブな反応に注意を向けることが求められ（Ishii et al., 2011）、また他者の目を通じた自身の選択に対する評価懸念も感じやすい（Kitayama et al., 2004）。このような他者の存在の影響は、自分の失敗といった脅威に対する自動的な反応でも見られるだろうか。課題で間違った選択をしたときに生じるERPとして、エラー関連陰性電位（ERN: error-related negativity）が知られている（Gehring et al., 1993）。これは、課題遂行中のエラー発生後、約100ミリ秒でピークに達するERPの陰性成分である。この振幅は、期待（正答）とは異なり、実際は悪い結果（誤答）だったという「予測のエラー」（あがっかりといった反応）を示している。このERNは特性不安と関連することも知られている（Hajcak et al., 2003）。

パクと北山（Park & Kitayama, 2014）は、ヨーロッパ系アメリカ人とアジア人参加者に対してある認知課題を行い、そのときのＥＲＮを調べた。そして毎試行、注視点として、ある模式的な顔、その顔刺激をぐちゃぐちゃにして顔だとはわからないものにした刺激、そして家（中性的な意味の刺激）のどれかが呈示されるようにした。模式的な顔のときと他の２条件の刺激のときのＥＲＮの差を求めたところ、アジア人はヨーロッパ系アメリカ人よりもその値が大きかった。また参加者の相互独立・相互協調の程度を測定し関係を見てみたところ、相互協調的な参加者ほど、この顔に対する相対的なＥＲＮが大きくなっていた。相互協調性を反映し、特に他者の目があると評価懸念に代表されるような不安が強くなると、この予測のエラーが大きくなると考えられる。またこの結果を追認する形で、ギャンブル課題を用いた一言らの研究（Hitokoro et al., 2016）は、損失のフィードバックの際のＥＲＮが模式的な顔を呈示されたときのアジア系アメリカ人で強く生じることを示している。

話をこの章の最初に戻そう。件の知覚心理学者や認知心理学者が納得するかどうかはさておき、ＥＲＰによる一連の研究に基づくと、表情や声といった異なった様式の情報が同時に入力されても、その入力から２００～４００ミリ秒程度といった比較的早い段階で何らかの自動的な注意が向けられたり、情報間の評価の一致・不一致に基づく反応が生じたりする。例えば、一連の感情的発話の研究の場合、反応時間は発話の長さに影響を受けるが、それでも１秒程度はかかる。「比較的早い段階」と言えるのかどうかに議論の余地はあるが、こうした反応時間の長さから推測するに、少なくとも反応（例えばボタンやキーを押して回答すること）の直前ではない。

また文化は、決して異なった処理プロセスを生み出すわけではない。期待していた意味からの逸脱の指標としてN４００について述べてきたが、意味的な一致・不一致を操作した刺激の性質を反映し、不一致のときに特にN４００が大きくなることそのものは、文化にかかわらず人間の情報処理システムの一側面として見られる。一方、文化の効果は、どの情報に特にチューニングを合わせるかといった自動的な注意の程度に反映され、課題に応じて特徴的な電位成分（例えばN４００）の強弱として表現される。同様のことは、何らかの課題中の脳のイメージングに基づき、課題に応じた脳領域の活動を調べた場合にも言える。個人が課題の重要性ゆえに一生懸命に取り組む、または不得意ゆえにそれだけ注意深く慎重に取り組むといったような理由で、関連する脳領域の賦活には変化が生じる。そのような課題の重要性や難しさに、日常の文化的な慣習が反映され、その結果文化差があるのであれば、賦活の程度の差として文化差が表れてくるのである。

このような脳内指標の文化差は、もしも男性脳、女性脳のような俗説から日本脳、アメリカ脳のようなものを想定していたとしたら、やや期待外れかもしれない（N４００的な反応が生じたかもしれない）。その俗説に対する認知神経科学者からの警鐘（例えば、四本、2022）を踏まえれば、そもそも脳における劇的な文化差を期待することにむしろ問題があるかもしれない。それよりも特筆すべきことは、脳内指標と相互独立・協調といった文化的価値観や自己観といったものとの関連がさまざまな研究で報告されていることである。相互独立・協調の測り方として最初にいくつか触れたが、本章における研究で用いられているものは、その際にある意味問題視した尺度による内省指標である。一方、これは先の章までで言及しなかったことだが、文化差を評価するための行動指標を用いた課題と内省指標との間に相関がないのは決して珍しいことではない。行動指標の課題間ですら、同じことが言える。このような結果を背景として、文化課題理論が提唱されているほどである(Kitayama et al. 2009)。よって脳内指標と内省指標の相関は、独立・協調という価値や自己観を反映したものとして脳内における文化の影響と理解することを可能にする。

さらに、なぜ行動指標だとそのような相関が見られにくくなるかと言えば、それだけ行動指標にはさまざまなノイズが入りこんでいる可能性がある。脳内指標の結果によれば、文化の影響は処理の比較的早い段階に生じる。一方で、キーやボタン押しを考えた場合、まさにそのボタンを押すという行動には、本来検出したい自動的注意の向け方やその程度だけではない、さまざまなものが入りこむ。文化の影響の諸相を理解するためには、このような理由からも脳を対象とした検討が不可欠と言える。

最後に重要な点として、先に述べたように、ロンドンのタクシー運転手を対象とした研究は、個々人の学習経験によるその内容に応じた脳の可塑性を示唆する。このような脳内指標の文化差は、翻って見れば、文化的な慣習による学習経験が「脳を変えた」、つまり脳の可塑性の帰結として理解することができるだろう。このような脳の可塑性は、ロンドンのタクシー運転手に限定された話ではない。一商人の家でそろばんがある意味「文化課題」だったこともあり、自分は小さいころからそろばんをやっていたが、実際そろばん（とそれに伴う暗算）を習うことは脳にどういった影響があるだろうか。

毎週2時間のそろばんのトレーニングを受ける群とそうでない群を小学校1年生の開始時から、4年生、さらには6年生時まで追跡した中国の研究（Wang et al. 2017）は、そろばんのトレーニングが4年生および6年生時における課題のスイッチング、作動記憶、抑制に関連した実行機能(2)を高め、その実行機能を測定する課題中の下頭頂小葉や頭頂間溝といった視空間的な作動記憶や抑制にかかわる脳部位の賦活をむしろ抑制することを示した。そろばんに慣れ親しみ、実行機能が高められる結果、むしろ課題中の意識的なコントロールを必要としなくなることがここから示唆される。

そろばんは極端な例かもしれないが、それでも小さい頃の訓練に伴う脳への帰結は、文化的な訓練（慣習への参加）の結果として脳内の情報処理プロセスを調整する可能性を支持すると思われる。子どもが大人へと成長するその社会化の過程において、ある文化において優勢な価値や自己観がどのように獲得されそれがどう行動に表れるのか、そしてその脳内基盤はどう変容していくのか。文化－心－脳の関係を理解する上でさらなる集約的な研究が必要である。

## 注

（1）もう1点、自分の学習能力のなさをさらけ出すのであれば、まさに当時読んでいたCacioppo et

al.（1993, 1994）を援用した文化比較研究をしてみようという考えには至らなかった点である。自己高揚に関する文化比較に興味を見いだすことができなかった自身の見識の狭さに尽きる。

（２）抑制や認知的シフトに関する指標の一部において、西洋よりも東アジアの子供たちのほうが優れていることを示す研究がある（Schirmbeck et al., 2020）。先崎らは、日米の５～６歳児を対象に、認知的シフトにかかわる課題を実施し、ＮＩＲＳ（近赤外分光法）によって課題時の脳活動を測定することで直接的な比較を試みた。その結果、行動レベルでは文化差がなかったものの、両側の前頭前野における活性化は日本人よりもアメリカ人の子供たちで強く生じた。これは、実行機能に関して日本人の子供たちのほうが優れており、それゆえアメリカの子供たちと比べて課題中の意識的なコントロールを必要としていないことを示唆する（Senzaki et al., 2020）。先崎らのその研究では、ＣＯＭＴ遺伝子多型との関連も調べられている。ＣＯＭＴ（Catechol-O-methyltransferase）は、前頭前野内のドーパミンを分解する酵素であり、その遺伝子多型はValとMetからなる。アメリカ人を対象とした先行研究（Bowers et al., 2020）では、Metをもつ個人ほど実行機能が優れているのに対し、日本人を対象とした先行研究（Moriguchi & Shinohara, 2018）ではむしろValをもつ個人ほど実行機能が優れており、文化間で一定していない。先崎らの研究では、アメリカ人では遺伝子多型間で差がなかったが、日本人では先行研究同様、Valをもつ子供たちのほうが課題の成績がよかった。

# 第5章　遺伝子、文化、心

神楽坂と言えば相当聞こえがいいものの、一商人の家を選んでしまったことは、母にとっての認知的不協和の澱であるが、そのおかげで自分自身が誕生し、今こうしてこの書き物をしていることにある意味奇跡を感じる。子孫を次世代に残していくこの無数の奇跡の積み重ねのおかげで、家族、社会集団、文化、そして世界が維持されているとすると、先の章までで見てきたように、社会化、つまり生まれてからある文化的な慣習に参加していく結果、ある個人の脳がどのように変わり、その慣習に埋め込まれた価値や対応したものの見方や感じ方をどのように獲得していくのかといった観点のみでは決して十分ではない。人（ヒト）の生体としてのさまざまな生理的な反応、さらには遺伝子に代表されるその生体を作り上げている要素を含めた議論が必要である。よって、これまで述べてきた社会・文化環境と人の心の働きとの間の相互構成過程は、実際のところ社会科学にとどまらず、生物学等の領域をも巻き込んだ問題である。そしてその過程を理解する上で1つの手がかりとなるのは、社会・文化環境と遺伝子が共進化してきたという可能性である。

社会・文化環境と遺伝子の共進化とは、人（ヒト）が作り出したある社会・文化環境の特徴が人（ヒト）のある遺伝子の頻度に影響を与える、つまり世代から世代への遺伝子の継承に社会・文化環境が選択圧となり、さらにその遺伝子の頻度が高まることによってその社会・文化環境の特徴が進化していくといった過程を指す。このような環境と遺伝子の共進化についての研究は、社会レベルによる分析を通じ、ある社会・文化集団におけるある遺伝子型の保有の程度とその社会・文化集団の特徴（例えば優勢な価値観）との関連に着目してきている。

## 社会・文化環境と遺伝子の共進化

ヒト族がチンパンジーの系統から分かれたのは、700〜600万年前のことである。その後、更新世を迎えるが、その時期を特徴づけるのは、何よりも温度低下である。特に過去8万年の気候は周期的にかつ激しく変動した。このことによりヒト族が生きる環境は大きく変わった。その結果、どのように食料を確保するか、どのように捕食者に立ち向かうか等、生存のための手段にも変化が生じた。さらにこのような環境の変化は、集団の規模や他集団との接触や相互作用といった、いわゆる社会的な側面の変化ももたらした。そしてそれらの変化の結果、個々の生存を可能にする認知能力、具体的には他者のふるまいの模倣に代表される社会的学習、採食に必要な道具使用や作成、他者との情報の共有や情報の蓄積などを可能にする能力が進化した。特にこの認知能力によって他者との協力行動や世代間の累積的な情報の伝達が可能となった。さらにそれが効率的な採食をもたらすことで個々の生存の確率が高くなると、結果的にこのことが認知能力そのものの進化を加速させた。しかもそのような認知能力をもったヒトは例えば火や住まいといった発明によって環境をこれまでにない形で変えていった。そして新たに獲得した知識や技術の情報に改良を加えながらもそれを蓄積していくことによって生じた「文化」は、適応度にも影響を与えた。この過程は、ニッチ構築（Odling-Smee, 1988）と呼ばれる。二重継承理論（Boyd & Richerson, 1985; Cavalli-Sforza & Feldman, 1981）によれば、自然選択の結果、遺伝情報が次世代へと伝達されるが、これに加えて、文化による適応度への影響、つまり文化進化によっても適応的な形質は伝達されていく。その結果、文化的に適応した形質をもつヒトの遺伝子はその文化において選択されやすくなる。

また更新世の終わりごろにヒト集団が定住し、農業を始め、動物や植物を家畜化するようになった。その結果、人口密度が増大し、病原体の感染やその蔓延等が引き起こされるといった生存にとっての脅威も生じた。先述の流動性とコロナ禍においても触れたが、実際のところ歴史上、そのような生態学的な脅威に強くさらされた環境下では、その脅威に対処するための協調的な行動を促す規範や慣習が形成されやすいことが知られている。しかも後述のように、そのような環境下では、協調的な行動を促す規範や慣習に関連した遺伝子型をもつ個人の適応度が高くなり、結果的にその遺伝子型をもつ個人の割合が高い。

社会・文化環境と遺伝子の共進化に関する好例としてよく挙げられるのが、大人のラクトース耐性レベルの地域差に関するものである。例えば、地形の特徴や降水量の関係から農作には適しておらず、代替手段として家畜を飼いそれを生存のすべにするような牧畜文化が進化したとする。そのように進化した文化環境を踏まえると、大人でもミルクを摂取することが可能な遺伝子（つまりラクトース耐性遺伝子）を持つ人たちは、持っていない人たちよりも多くのカロリーを摂取でき、その結果、長生きし、より多くの子孫を残すことができるかもしれない。つまりそのような文化環境のもとでは、ラクトース耐性遺伝子を持っていることの適応度は相対的に高く、その遺伝子は次世代へ受け継がれやすいだろう。さらに、その遺伝子を持つ人の割合が増えると、その地域におけるミルクの消費そのものも増え、それに沿うように文化も進化する。では、ミルクを摂取できるか否かを何らかの心理・行動傾向へと置き換えた場合、この共進化の観点から社会・文化環境と心理・行動傾向との関連を説明することは可能だろうか。このような共進化を援用した研究では、ある遺伝子多型における遺伝子型の割合が国や地域レベル間で異なる点に着目し、その地域において優勢とされる価値観や行動様式との関連を調べるといった手法が用いられ、さまざまな示唆的な知見が見出されている。

## DRD4と移住

ヒトは、後期更新世の気候変動を背景に進化し、アフリカ大陸外への大移動を始め、約45000~60000年前には世界中に拡散したと考えられている。この出アフリカの過程は、大規模な人口の増加や複雑な技術の発明をもたらすとともに、不慣れな環境への進出による新たな挑戦を伴うものであった。このような不慣れな環境のもとでは、新奇性追求や広範な情報探索行動が有効であったため、結果的にそのような行動の表現型と関連した遺伝子多型（DNAの配列における微妙な個体差）が選択されていった可能性がある。その1つとして考えられているのがドーパミンD4受容体（DRD4）遺伝子多型である。

ドーパミンは、認知、情動、動機づけ等のさまざまな機能を制御する重要な神経伝達物質である。DRD4とは、これまでに同定されてきている5種類のドーパミン受容体の1つであり、新奇性追求や衝動性との関連が示唆されている（Benjamin et al., 1996; Ebstein et al., 1996）。DRD4をコードする遺伝子に関する多型の代表的なものは、DRD4遺伝子のエクソン3領域における多型であり、2~11の繰り返し単位からなる（Ding et al., 2002）。多くの人々は、一般的に最も頻度が高い繰り返し単位が4である4R対立遺伝子を持つ。ところがこれまでの研究によると、4R対立遺伝子を持つ人々と比較し、繰り返し単位が7や2である7Rや2R対立遺伝子を持つ人々のほうが報酬に対する感受性（Nikolova et al., 2011）、新奇性追求（Ebstein et al., 1996）、リスクテイキング傾向（Kuhnen & Chiao, 2009）のいずれも高い。

そして重要なことに、この対立遺伝子の頻度には地域差がある。例えば、アメリカでは4Rについで多いのは7Rであるのに対し、アジアでは稀である。一方、アジアでは4Rについで多いのは2Rである（Chang et al., 1996）。しかもこれらの対立遺伝子の割合と移住の歴史が関連していることも示唆されている。チェンら（Chen et al., 1999）は、過去1000～30000年の移住に着目し、その移住に関してよく知られた6つのルート（例えば北アジアから北米、さらには中南米へといったルート）を踏まえて、主に社会集団の移動距離を算出した。そしてその移動距離が長い集団ほど、7Rをもつ個人の割合が高いことを明らかにした。彼らの主張によれば、新奇性追求、探索行動、リスクテイキング傾向と関連する7R対立遺伝子は、そのような行動傾向が不慣れな環境への適応に有効であったため、人々の移動とともに結果的に選択されていったと考えられる。またこれに関連し、彼らは、遊牧を生業としている集団と農耕を主とする定住集団とでは、7R対立遺伝子をもつ人々の割合は前者において高いことも示している。同様の知見は、Eisenberg et al.（2008）でも報告されている。よって、新規性追求、探索行動、リスクテイキング傾向と関連する行動は、困難な環境に直面することの多い遊牧集団においてより適応的であり、結果的に選択されたと考えられる。

## 5-HTTLPRと集団主義

セロトニンは脳内の神経伝達物質であり、情動や睡眠、摂食等のさまざまな神経機能の調節に関与している。セロトニントランスポーター（5-HTTLPR：5-HTT-linked polymorphic region）は、軸索の末端に存在し、シナプス間隙からセロトニンを再取り込みする役割がある。セロトニントランスポーターの遺伝子多型として、プロモーター領域と呼ばれる遺伝子の発現をコントロールする箇所の繰り返し配列からなるものがよく知られている。具体的にはその遺伝子多型には、短い（s）と長い（l）の2つのタイプがあり、一旦放出されたセロトニンを神経細胞内に取り込む量はsアレル（対立遺伝子）をもつ個人のほうが少ない。そして各個人は2つのアレルをもつため、その遺伝子多型に基づくとs／s、s／l、l／lに分けられる。

これまでの研究によると、l／lの人と比べ、s／sやs／lの人は不安傾向が強く（Lesch et al., 1996）、怒りや恐怖表情に対してその扁桃体が強く活動しやすい（Hariri et al., 2002）。加えて、DRD4と同様に、5-HTTLPRのsアレルをもつ個人の割合に関しても大きな地域差が存在する。例えば東アジアにおいてsアレルをもつ個人は70～80％を占めるのに対し、ヨーロッパではその割合は40～45％である（Gelernter et al., 1997）。チャオとブリジンスキー（Chiao & Blizinsky, 2010）は、各国におけるsアレルをもつ個人の割合とホフステッドによる国ごとの個人主義-集団主義のスコアとの間に強い関係が見られ、sアレルをもつ個人の割合が高い国ほど集団主義傾向が強く（個人主義傾向が弱く）、そして鬱傾向や気分障害を示す人々の割合（WHOの調査に基づいて算出）が小さいことを示した（図5-1）。しかもこのsアレルをもつ個人と鬱傾向や気分障害の割合との関係を国ごとの個人主義-集団主義のスコアが媒介していた。つまり、sアレルをもつ個人の

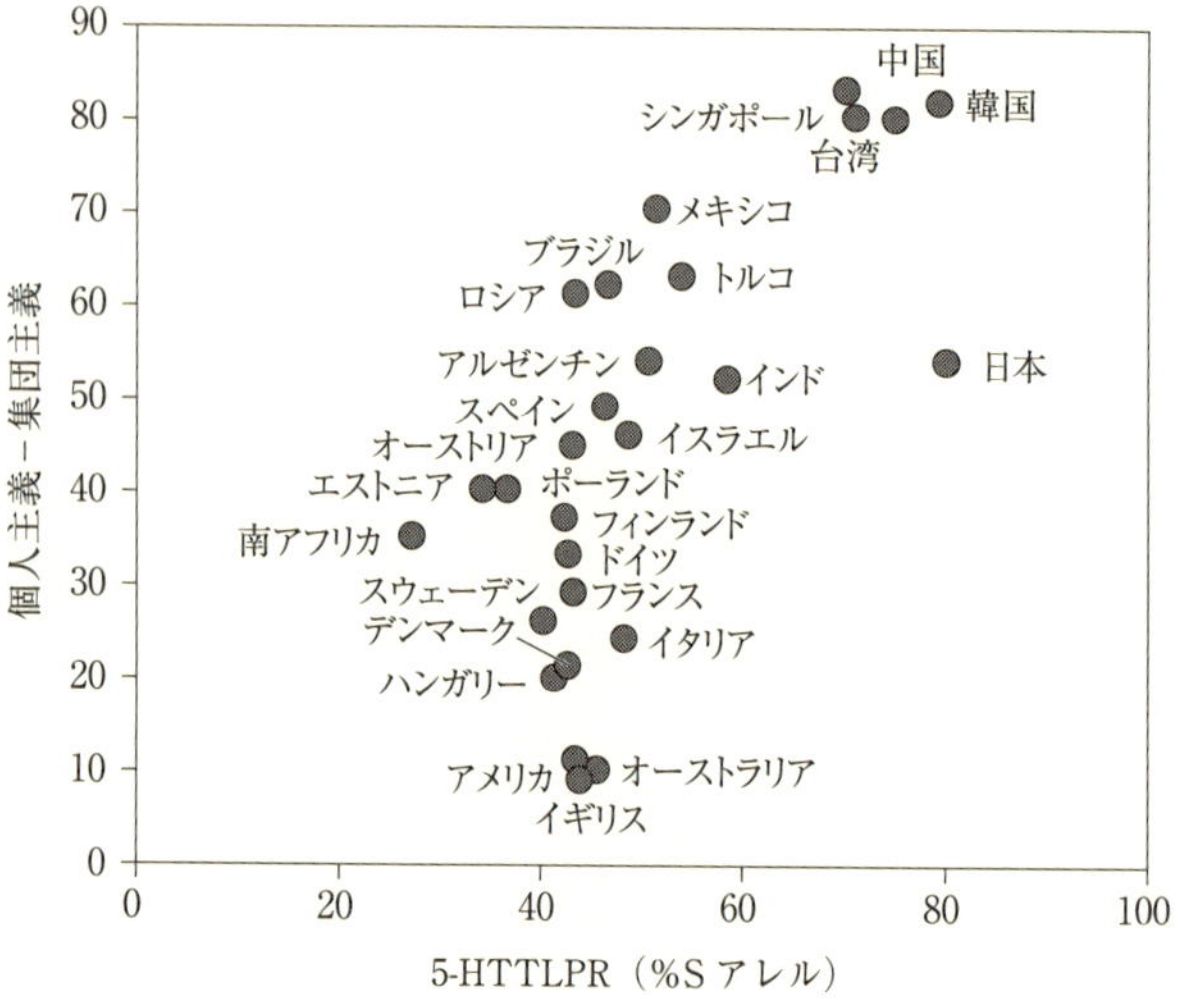


図５-１　集団主義傾向の強さと5-HTTLPRのsアレルをもつ個人の割合（Chiao & Blizinsky, 2010）

割合が高い国ほど集団主義傾向が強く（個人主義傾向が弱く）、そして集団主義傾向が強い（個人主義傾向が弱い）国ほど鬱傾向や気分障害を報告する人々の割合が小さくなっていた。

またチャオとブリジンスキーは、国ごとのsアレルをもつ個人の割合、過去の病原体の蔓延の程度、個人主義－集団主義との関連も検討した。先行研究によれば、過去に病原体が蔓延した国ほどホフステッドによる国ごとの集団主義のスコアが高い（個人主義のスコアは低い）。その理由として、歴史上、病原体の存在は自然環境における脅威であり、特に病原体が発生しやすく感染にさらされやすい地域ほど人々の生存のためにはその防御が必要であり、集団主義によって特徴づけられる行動特性、例えば自民族主義や同調がその防御のための有効な手段として機能したからと考えられている（Fincher et al., 2008）。チャオとブリジンスキーの分析の結果、過去の病原体の蔓延の程度と集団主義との関係は、ｓアレルをもつ個人の割合によって媒介されていることがわかった。過去に病原体が蔓延した国ほどｓアレルをもつ個人の割合が高く、ｓアレルをもつ個人の割合が高い国ほど集団主義のスコアが高い（個人主義のスコアが低い）といった関係になっていた。

先にも述べたが、ゲルファンドらは、病原体を含めたさまざまな生態学的な脅威（例えば、高い人口密度、資源の不足、領土を巡る集団間の衝突）にさらされた地域ほど、人々の行動を厳しく統制しやすい可能性について論じている（Gelfand et al., 2011）。この考えは、過去の病原体の蔓延の程度と個人主義－集団主義との関連からヒントを得たものである。実際にゲルファンドらの33か国による調査は、脅威にさらされた地域ほど行動の統制に関する規範が厳しいことを示した。では、このような国を単位とした脅威と規範の厳しさとの関係もｓアレルをもつ個人の割合によって説明されるだろうか。ムラゼクら（Mrazek et al., 2013）は、この点について検討し、生態学的な脅威にさらされた国（ゲルファンドらの結果に基づく）ほどｓアレルをもつ個人の割合が高く、ｓアレルをもつ個人の割合が高い国ほど規範の厳しさ（ゲルファンドらの結果に基づく）が顕著であることを示した（図５－２）。

まとめると、５－ＨＴＴＬＰＲのｓアレルをもつ個人の割合に着目し、国ごとの生態学的な脅威、集団主義や規範の厳しさ、さらには鬱や気分障害等の精神疾患の割合との関連を検討した一連の研究によれば、５－ＨＴＴＬＰＲのｓアレルをもつ個人は不安や神経症傾向を示しやすいと考えられ

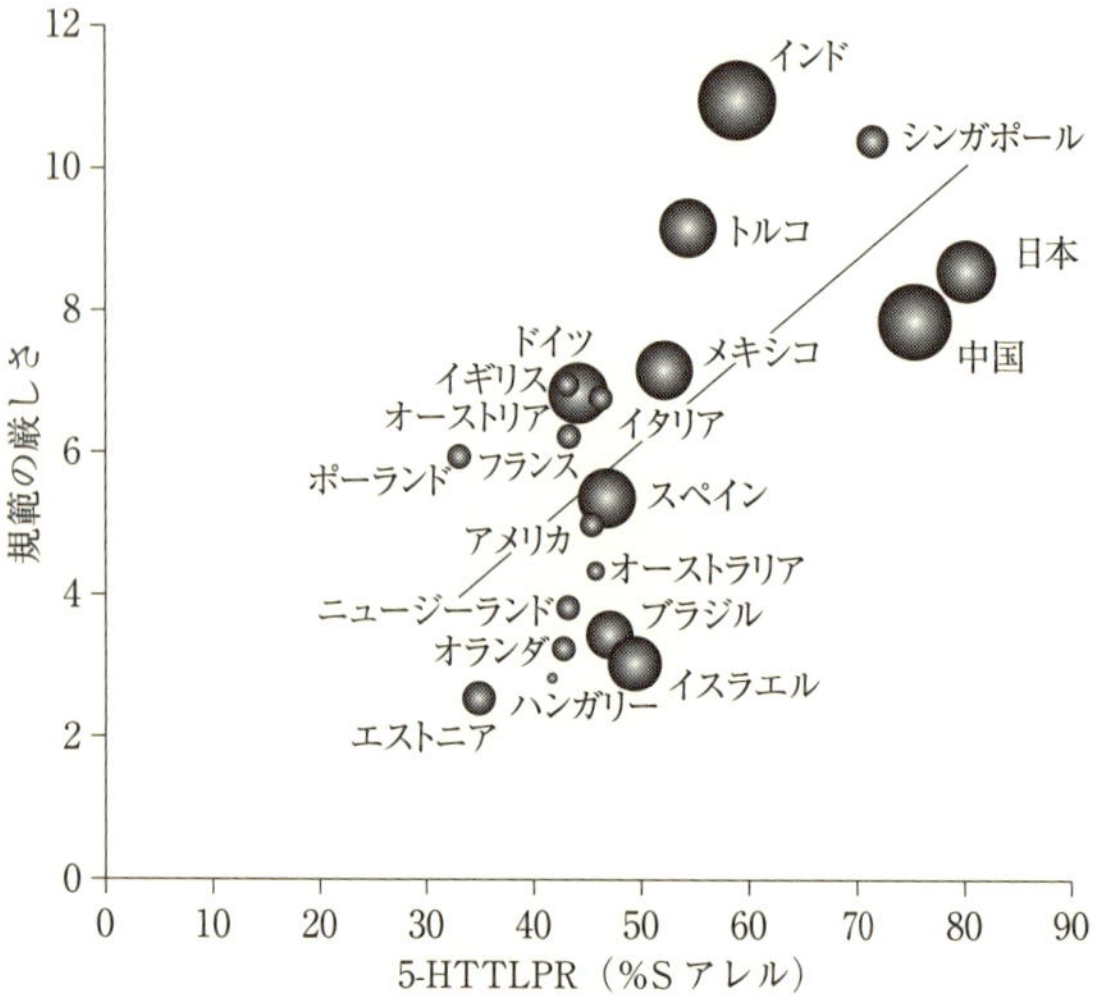


**図５-２**　規範の厳しさと5-HTTLPRのsアレルをもつ個人の割合。図中の円の大きさは、その国に生じた生態学的な脅威の大きさを表す（Mrazek et al., 2013）

ていたにもかかわらず、sアレルをもつ個人の割合が高い国ほど鬱や不安障害の割合は低いこと、そしてこの関係は国ごとの集団主義の程度によって説明された。つまり、sアレルをもつ個人の割合→集団主義の程度→鬱や不安障害の割合という関係になっていた。「sアレルをもつ個人は不安や神経症傾向を示しやすい」なら、sアレルをもつことは不利である。しかしsアレルを持つ個人の割合が多くなるほど集団主義が強いということは、sアレルをもつ個人にとって集団主義を重視する環境はおそらく居心地がよく、しかも集団主義の程度が高い国ほど鬱や不安障害の割合が低いということは、sアレルをもつ個人の特性とも言える不安や神経症傾向を和らげるような作用が集団主義にはあるかもしれない。

次に、歴史上および生態学上のさまざまな脅威は、人々の生存にとって深刻であり、特にその脅威が顕著であった地域ほどそれに対する人々の防御や防御を強制する社会制度が促された。そしてそのような脅威と社会制度（厳しい規範や集団主義）との関係は、各国のｓアレルをもつ個人の割合によって説明された。つまり、歴史上および生態学上のさまざまな脅威→ｓアレルをもつ個人の割合→厳しい規範や集団主義の程度という関係になっていた(1)。先の関係に基づけば、集団主義はむしろｓアレルをもつ個人にとって居心地のいい有利な環境であるとも言える。加えて、脅威下では生存のために人々の間での協力行動を促すような規範や価値観が重視されるが、まさに脅威下ではそのような規範や価値観を重視しやすいｓアレルが適応的であり、またそういうｓアレルをもつ個人たちこそが人々の間での協力や逸脱者への厳罰といった集団主義的な規範を積極的に作り上げたとも言える。

## μ－オピオイド受容体と集団主義

オピオイドには鎮痛作用がある。しかも社会的排斥と痛みに関する研究から、排斥に伴う社会的な痛みを感じる場合にも、物理的な痛みを感じるときと同様、前帯状皮質や前部島皮質が賦活することが知られており（Eisenberger et al., 2003）、物理的であろうと社会的であろうと痛みは同一の基盤から生じる。そのためオピオイドの鎮痛作用は、社会的な痛みにも作用する。実際に、サルやイヌ等の動物で子供を母親から分離させると、その子供はその分離に痛みを感じて鳴き声を上げるが、オピオイドの代表例であるモルヒネを少し投与された子供はそのような鳴き声をあまり出さなくなる（Panksepp et al., 1978）。またヒトの場合でも、親しい人の死や恋愛関係の破綻等の社会的な損失に関連する出来事を想起するよう求められた女性では、オピオイド受容体の1つのサブタイプであるμ－オピオイドの発現量が減少する（Zubieta et al., 2003）。μ－オピオイド受容体のA118G遺伝子多型に関して、Aアレルをもつ個人と比べ、Gアレルをもつ個人におけるμ－オピオイド受容体の発現量は少ない。そのため、物理的な痛みに対してそのGアレルをもつ人は敏感である。では、社会的な痛みに対しても敏感なのだろうか。

ウエイら（Way et al., 2009）は、社会的な痛みに関する敏感さを測定する尺度への回答とμ－オピオイド受容体のA118G遺伝子多型との関連性を調べた。そしてその後、一部の参加者に対してサイバーボールゲーム（Williams et al., 2000）を実施した。サイバーボールゲームでは、コンピュータ上で、参加者を含む3名がキャッチボールをするが、残りの2名間でのキャッチボールが続き、参加者のところにはなかなかそのボールが来ないようになっていた。このような形で参加者は社会的排斥を経験したが、ウエイらはその際の脳活動を計測した。まず、社会的な痛みに対する主観的な敏感さはG／Gの人が最も高く、A／G、A／Aの順であった。また、サイバーボールゲームによる社会的排斥の経験によって前帯状皮質や前部島皮質が賦活したが、その程度はA／Aの人と比較し、G／GやA／Gの人において顕著であった。しかも社会的な痛みに対する主観的な敏感さに関する遺伝子多型間の差異は、前帯状皮質の賦活の程度によって説明された。つまり、社会的

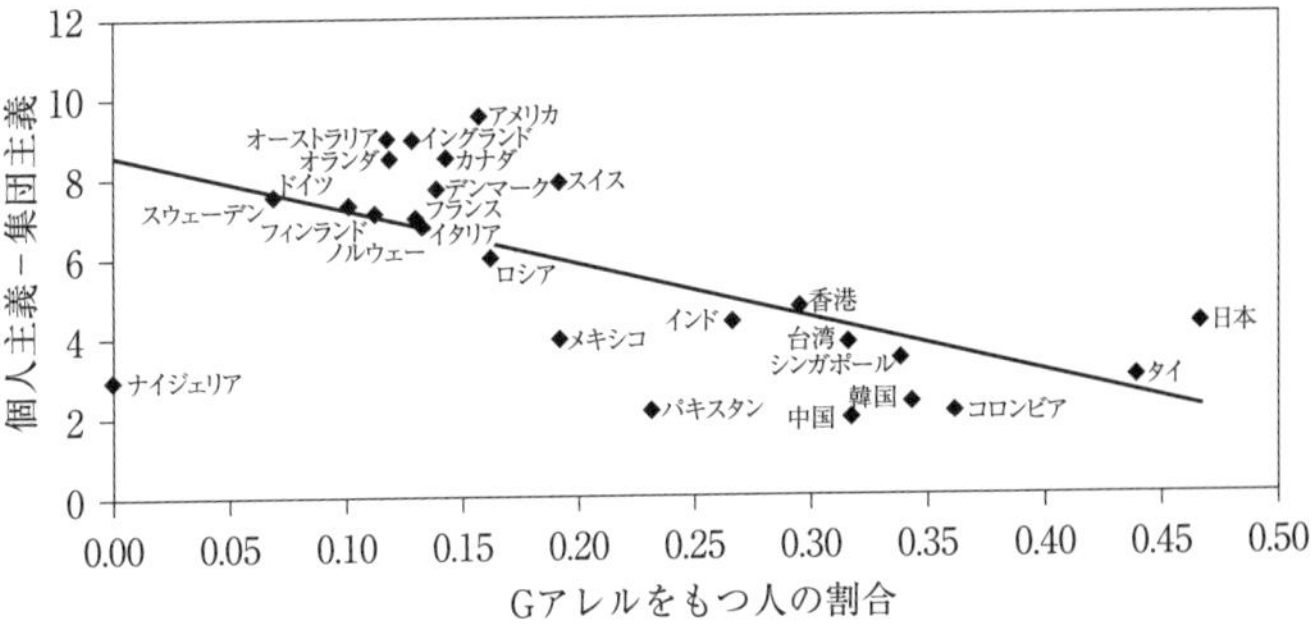


**図5-3**　集団主義傾向とA118G遺伝子のGアレルをもつ人の割合。縦軸の得点が低いほど個人主義傾向が弱く、集団主義傾向が強い。$r(26) = 0.65, p < .001$（Way & Lieberman, 2010）

排斥の経験をするとGアレルをもつ人でより前帯状皮質が賦活し、そしてその賦活の程度が強い人ほど、社会的な痛みに対して敏感だった。

ウエイとリーバーマンは、5-HTTLPR同様、この$\mu$-オピオイド受容体のA118G遺伝子多型にも地域差があり、集団主義傾向との関連があることを指摘している（Way & Lieberman, 2010）。そして彼らは国レベルのGアレルをもつ人の割合と個人主義-集団主義的傾向（Suh et al., 1998）が有意に相関し、Gアレルをもつ人の割合が高い社会・文化ほど集団主義的傾向が強いことを示した（図5-3）。社会的な痛みを敏感に知覚することが関係性への欲求を促すとしたら、そのような欲求は集団内の関係や結びつきを重んじるよう人々を駆り立てるだろう。また5-HTTLPR同様、Gアレルをもつ人によって集団主義は居心地のいい有利な環境であり、そのような環境下ではGアレルをもつことが適応的であるのかもしれない。

## 社会・文化環境と遺伝子の相互作用

これまでの共進化の説明では、何らかの遺伝子多型と心理・行動傾向との関連が前提となっていた。例えば、ＤＲＤ４遺伝子多型と新奇性追求の関連、μ－オピオイド受容体と痛みに対する敏感さの関連である。そもそもこのような心理・行動傾向と遺伝子との関連は、行動遺伝学という研究分野において長い間検討されてきている。ふたご研究によって形質における遺伝と環境の影響を検討するのがその代表的な手法である。一卵性双生児の場合、その２人は（ほとんど）同一の遺伝子の組み合わせをもつ。二卵性双生児は、普通のきょうだいの場合と同様、各々が自分だけの遺伝子配列をもっている。よって二卵性双生児のほうが、ペア間で共有するものが少ない、つまり遺伝的な違いが大きい。となれば実際の形質（表現型）、例えば新奇性追求といった点に関しても二卵性双生児のほうが一卵性双生児よりも違いが大きい（つまり似ていない）と予測されるが、その違いが大きければ大きいほどその形質への遺伝率（遺伝が生み出す差異を指す）は高いと考えられる。

例えば、これまでの２７００本あまりのふたご研究に関する論文における１７０００個程度の形質の傾向をレビューしたポルダーマンらの研究（Polderman et al., 2015）によれば、パーソナリティに関しての一卵性双生児の相関は０・47、二卵性双生児の相関は０・23、また高次の認知機能に関しての一卵性双生児の相関は０・71、二卵性双生児の相関は０・44である。特に高次の認知機能に関して、その相関の差は、0〜11歳のときと比較し、12〜17歳、および18〜64歳でより大きくなっており、成長の過程で遺伝要因が増大していることが示唆される。なお、一卵性双生児における相関が1にならないということは、彼らは（ほとんど）同一の遺伝子の組み合わせをもつにもかかわらずその形質は必ずしも一致するわけではないということであり、同一遺伝子、同一環境では説明できない、非共有環境による影響がそれなりに見られる。先程、高次の認知機能に関して成長の過程で遺伝要因が増大していることを述べたが、一卵性双生児における相関の変化を見ていくと、0・77、0・69、0・68であるので、特に青少年時において非共有環境要因も増大していることがうかがわれる。

このような成長過程における遺伝要因の増大、そして非共有環境要因の増大は、遺伝と環境要因の相互作用を示唆する。例えば、子供たちは、時とともに家庭外のさまざまな環境にさらされ、そこでの経験が何らかのよい刺激を与えればそれが高次の認知機能を促進させるだろう。その一方で、子供たちは、遺伝要因と関連した高次の認知機能の個人差に基づいた学習機会を与えられたり、また選んだりするだろう。そして認知機能に優れた子供たちが得る学習機会がさらにその認知機能を高める方向に働き、その結果、その能力をさらに高めるような機会にも恵まれるだろう。行動遺伝学の見地に立った遺伝と環境の相互作用、後述のゲノムワイド関連解析や多遺伝子スコアに関しては、安藤寿康（安藤，2022, 2023）やキャスリン・ペイジ・ハーデン（Harden, 2021）による最近の概説書がわかりやすいので、一読をお勧めする。

このような行動遺伝学の研究の関心は、個人差のどの程度が遺伝によって生み出されているのかという点にある。そのため、その点に交絡するようなさまざまな要因を排除し、その点を明らかにする最小単位として「ある世代における家庭（ふたご）」に着目する。一方で内山ら（Uchiyama et al. 2022）のシミュレーションによれば、さまざまな形質の遺伝率は、文化環境に応じて異なる。実際、遺伝率における文化の影響は行動遺伝学において認識されているものの、その点はあまり考えられていないように思われる。その1つの例外として、敷島ら（Shikishima et al. 2013）は、日本とスウェーデンの養育の仕方に着目し、日本では子供を中心とし親はそれに合わせるという価値を反映して養育の仕方に対する子供の遺伝要因への影響が相対的に大きく、一方スウェーデンでは親を中心とした価値を反映しむしろ共有環境（家庭）の影響が相対的に大きいことを示している。しかし敷島らによれば、日本とスウェーデンの対比に限っても、性格や一般的知能への遺伝要因や環境要因の影響には文化差がない。敷島らの結果は、養育のような社会・文化環境で共有されている信念や価値を反映した心理・行動傾向における遺伝率に文化の影響が生じやすい可能性、そして環境の自由度（例えば、子供中心に考えるような場合は、親が自身を中心に考えてその考え方を押し付ける場合と比較し、子供を取り巻く環境の自由度はおそらく高いだろう）によって遺伝の影響の表れ方が変わってくる（つまり環境の自由度が高いほど、遺伝要因が増大する）可能性を示唆する。

また「個人差のどの程度が遺伝によって生み出されているのか」という関心ゆえに、どのDNAの塩基配列に生じる違いが心理・行動傾向を生み出すのかという研究アプローチをとっていない。

一方、「どのDNAの塩基配列に生じる違い」に着目するのが、先に出てきた特定の遺伝子多型と心理・行動傾向、さらにはその心理・行動傾向と社会・文化環境との関連を見るものである。これまで見てきたように、ある心理・行動傾向はその個人が置かれた環境や状況の性質に依存し、人は日常生活を通じてその環境や状況における適切なふるまいや反応を学ぶ。以下で紹介していく研究は、その環境や状況に適合した心理・行動傾向を個人がどの程度効率的に学びまた獲得するかは、各人がもつ遺伝子が関与している可能性を示唆するものである。つまりある遺伝子型をもつ個人は、そうでない個人と比べて、環境や状況に適合した心理・行動傾向を示しやすいだろう。文化心理学の見地にたったそのような研究を紹介する前に、まずは、環境要因の影響の受けやすさと遺伝子多型との関連について触れたい。

## 環境要因による影響とその影響の受けやすさ

環境と遺伝子の相互作用に関し、従来から考えられていたのは、ストレス脆弱性モデル（diathesis-stress model, Monroe & Simons, 1991）である。これは、病気の発症しやすさ（脆さ）には素因があるが、そこにストレスが加わると、そのストレスが病気の発症の引き金となるという見方である。この見方によれば、精神疾患は遺伝と環境要因の組み合わせで生じると言える。カスピら（Caspi et al., 2003）の研究はその可能性を支持する。彼らは、ダニーデン（ニュージーランド）における1000人以上を対象とした縦断研究のデータに関し、参加者が26歳だったときのうつ症状とその過

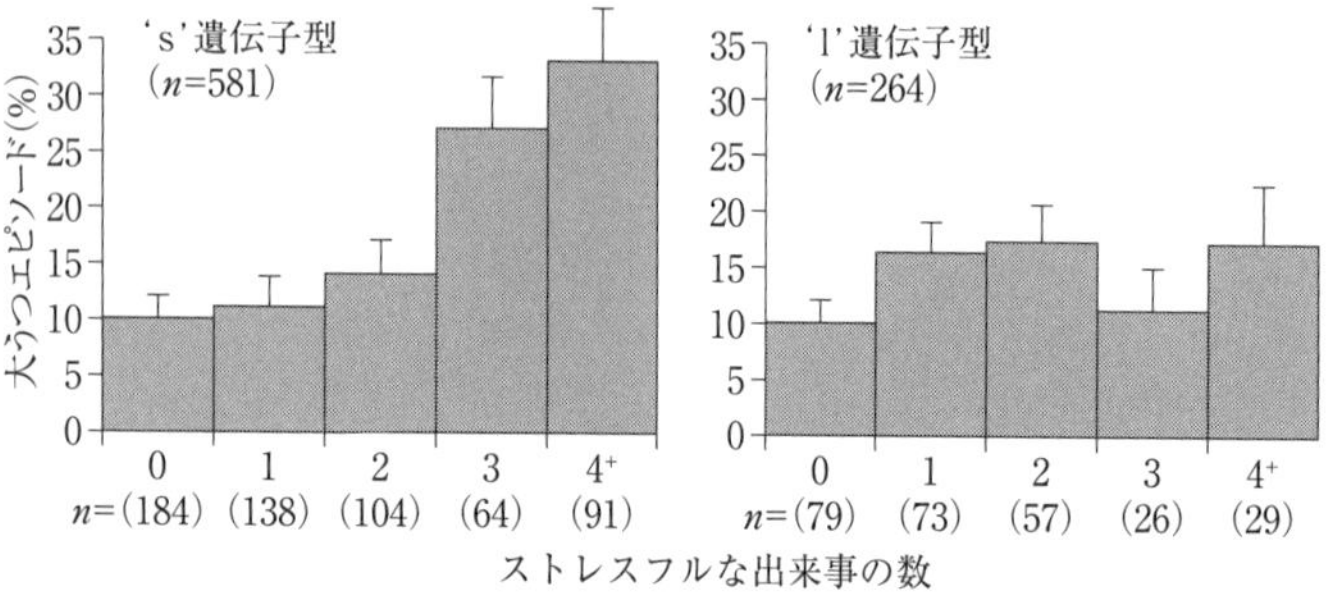


**図5-4**　5-HTTLPR遺伝子多型別に見た、うつ病の基準を満たした人の割合とストレスフルな出来事の数との関連。出来事の回数の主効果（$p < .001$）と、遺伝子型と出来事の回数の交互作用（$p = .05$）が有意であった（Caspi et al., 2003）

去5年におけるストレスフルな出来事の数との関連を調べた。その結果、ストレスフルな出来事の数が多かった個人ほどうつ症状が見られたが、その関連性は特に5-HTTLPR遺伝子多型のs／sの人において顕著であった（図5-4）。s／sによる影響は、3歳から11歳までの幼少期に不適切な養育をされた経験と青年期（18歳から26歳）におけるうつ症状との関連を見た場合にも同様であった。つまりこのモデルによれば、遺伝子に代表される個人の素因とその望ましくない環境要因の両方が相まってより深刻な精神疾患がもたらされる。

ストレス脆弱性モデルは、病気の発症の引き金となるような望ましくない環境要因を想定しているが、では「望ましい」環境要因にも着目したとしたらどのような結果が得られるのだろうか。カスピらの結果は、s／sの人において引き金となる環境要因（ストレス）の影響がとても強い、つまりそれだけs／sの人たちは環境要因に対して敏感であることを示している。興味深いことに、過去の研究は、望ましい環境要因（例えば愛情を受けている）の影響もｓ／ｓの人たちは受けやすいことを示している。よって、ｓ／ｓの人はｌアレルをもつ人よりも望ましい環境要因からの恩恵も受けやすく、うつ症状や攻撃行動を示しにくい（Taylor et al., 2006; van IJzendoorn et al., 2012）。またこのような環境要因に敏感な遺伝子多型として、5-HTTLPRのほかにも、ドーパミン受容体（DRD2やDRD4）やドーパミントランスポーター（DAT）に関連した遺伝子多型が知られている（Bakermans-Kranenburg & van IJzendoorn, 2011）。さらに、ベルスキーらは、特に将来の不確実性が高いために何が遺伝子の拡散に効果的なのか全くわからないような状況を踏まえると、環境からの影響を受けやすい遺伝子を持つことは、望ましい環境要因からの恩恵も受けやすく（彼らの言葉によれば、ポジティブな可塑性）、適応的であった可能性に言及し、その個人の素因を「脆さ」とするのではなく、影響の受けやすさとして見ることを主張している（Belsky, 2005; Belsky et al., 2007）

## 文化と遺伝子の相互作用

このような環境と遺伝子の相互作用の知見を踏まえ、文化心理学者たちは、養育環境に留まらない文化環境に対する敏感さにも遺伝子多型を背景とした個人差があり、いわゆる環境に敏感な遺伝子多型をもつ個人ほど、その文化環境に対応した心の性質や行動様式を身につけやすい可能性を検討してきた。ここでは代表的な知見について紹介する。

**ＤＲＤ４と自己観**　北山ら（Kitayama et al., 2014）によれば、ＤＲＤ４の７Ｒや２Ｒのアレルをもつ個人は、４Ｒに代表されるそれらのアレルをもたない個人と比較し、その文化において優勢な自己観（北米における相互独立、東アジアにおける相互協調）を示しやすい。同様に、感情経験に着目した場合でもその自己観に応じた傾向は、ＤＲＤ４の７Ｒや２Ｒのアレルをもつ個人に見られやすい。具体的には、ヨーロッパ系アメリカ人は全般的に否定的な感情よりも肯定的な感情の経験を報告しやすく、特にその傾向はＤＲＤ４の７Ｒや２Ｒのアレルをもつ人々に顕著だった。一方、同様の傾向は、アジア人の中でも特にＤＲＤ４の７Ｒや２Ｒのアレルをもつ人々において弱くなった（Tompson et al., 2018）。

北山らは、このようなＤＲＤ４の遺伝子多型と脳部位の容積の関連についても検討している。先述のように、彼らは、腹内側前頭前皮質と一部重なりのある眼窩前頭前皮質に関して、相互協調的な日本人ほどその灰白質の容積が小さいことを示しているが（Kitayama et al., 2017）、これらの皮質を含む前頭前野領域の灰白質の容積の文化差にも着目している。そして、ヨーロッパ系アメリカ人のほうが東アジア人よりも前頭前野領域の灰白質の容積が大きく、この文化差は、ＤＲＤ４の７Ｒや２Ｒのアレルをもつ人々において顕著だった（Yu et al., 2019）。また先の章で、心の理論に代表される他者の信念理解にかかわる領域として知られている側頭頭頂結合部（ＴＰＪ）について紹介した。社会的な役割やアイデンティティに関する領域での自己についての判断の際、中国人においてその賦活が顕著であるといった研究に触れたが、北山らはＴＰＪの灰白質の容積の文化差にも着目し、DRD4との関連を調べた。その結果、ヨーロッパ系アメリカ人よりも東アジア人においてその容積は大きく、しかもDRD4の7Rや2Rの対立遺伝子をもつ個人ほどその文化差が顕著であることを示した（Kitayama et al., 2020）。

北山らは、一連の結果から、人はある社会・文化環境における適切なふるまいや反応を学んでいくが、中でも正の報酬を得るようなふるまいや反応は強化されていき、しかもそのような報酬に敏感な個人ほどその文化的学習に動機づけられる可能性を主張している（Kitayama et al., 2016）。このような報酬に基づく学習にはドーパミン神経系やそれに関連する遺伝子が関与していると考えられるが、自己や他者理解にかかわる脳領域の容積や自己観に関する内省指標の文化差をDRD4遺伝子多型が調整しているというこれらの結果は、彼らの主張を裏付けるものである。

**OXTRと社会的サポートや感情抑制の文化的規範**　相互協調性の1つの側面として、それが社会的サポートの要請を抑制する可能性が知られている。例えば、テイラーら（Taylor et al., 2004）は、ストレスの対処法として、アメリカ人は他者にサポートを求めやすいのに対し、韓国人は「和を乱す」「他者に話すことで事態が悪化する」「他者から批判される」などを高く懸念し、他者にサポートを求めにくいことを示した。キムら（Kim et al., 2010）は、この他者へのサポートの求めやすさの文化差とオキシトシン受容体（OXTR）遺伝子の一塩基多型のひとつ（rs53576）との関連を調べた。オキシトシンはペプチドホルモンであり、その受容体は子宮や乳腺といった抹消組織に加え、脳内の扁桃体や海馬、側坐核、前頭前野等の領域にも発現しており、それらの情動（例えば不安や恐怖の軽減）や社会行動（例えば共感性や信頼）の機能を調整している。そして、OXTR rs53576 のＡＡの人と比較し、Ｇアレルをもつ人は共感能力に優れ、ストレスへの対処能力が高いこと（Rodrigues et al., 2009）、またＡＡの人と比べ、Ｇアレルをもつ人は自尊感情やコントロール感が高く、楽観的であり、しかもそれらの傾向が強い個人ほど抑うつの兆候は見られにくいこと（Saphire-Bernstein et al., 2011）が知られている。キムらは、特に現在ストレスを強く感じていると報告した群に注目した場合、アメリカ人においてもとりわけＧアレルをもつ人ほど、他者にサポートを求めやすいことを示した。

キムらのその後の研究（Kim et al., 2011）では、アメリカよりも東アジアにおいて顕著な感情抑制の程度に着目し、OXTR rs53576 との関連をアメリカと韓国において検討した。これまでの研究と同様に、感情抑制の程度はアメリカよりも韓国で大きかったが、その文化差はＧＧの人たちで顕著だった。しかも韓国ではＧＧの人のほうがＡＡの人よりも感情抑制をしやすかった。

なお、この OXTR rs53576 の遺伝子多型に関しても、実際のところそのアレルの割合に大きな地域差がある。Ｇアレルを保有している人の割合はヨーロッパ系の人々において高く、一方東アジアでは、Ａアレルを保有している人の割合が高い。これらのキムたちの研究でも、また我々の研究（Zheng et al., 2020）でもその傾向が示されている。

## 既存の知見の問題点

ここまでさまざまな知見を紹介してきたが、実は、環境と遺伝子の相互作用および共進化に関する研究はいろいろ批判を受けている。[2] 特に、知見の再現性に対する多くの問題点が指摘されている（Dick et al., 2015; Jern et al., 2017）。例えば、先に紹介したカスピらの研究は、環境と遺伝子の相互作用に関する知見として後続の研究に多大な影響を与えてきた（Google Scholar での被引用回数は10000以上）。しかし、その知見を支持しない研究も報告されている（e.g., Munafò et al., 2009; Ohtsubo et al., 2022; Risch et al., 2009）。特にカルバーハウスら（Culverhouse et al., 2018）は、31の研究、38000人もの参加者を対象とした場合でも、5-HTTLPRの有意な主効果、およびそれと環境との有意な相互作用を見いだすことができなかった。一方で、環境要因の主効果（ストレスがうつ症状を強めること）のみが頑健に見られた。以下では問題点について具体的に論じる。

### サンプルサイズの小ささ

昨今の心理学分野における知見の再現可能性でも問題になっているように、検定に必要とされるサンプルサイズを実際のところ満たしていないにもかかわらず、その知見の新奇性ゆえにいわば偽陽性の知見（効果が本来ないにもかかわらず、誤って「ある」と判断されたもの）が学術雑誌に公表されている可能性がある。ダンカンとケラー（Duncan & Keller, 2011）は、２０００年から２００９年に公刊され、精神疾患に関連した特性における環境と遺伝子の相互作用を示した１０３の研究を調査した。特に環境と遺伝子の相互作用を新たに検討した47の研究のうち有意な結果を報告していたのは96％（=45/47）であったが、そのうち追認できたのは27％（=10/37）に過ぎなかった。この結果は、偽陽性の新奇な知見が一定数公刊されていることに加え、差を示す新奇な知見こそが公刊されるといった出版バイアスの存在も示唆している。

本章で紹介した知見のうち、チャオとブリジンスキー（Chiao & Blizinsky, 2010）の５－ＨＴＴＬＰＲと集団主義に関する知見は、公刊されてすぐにそのサンプルの偏りに関する批判を受けた。具体的には、ヨーロッパ内およびアジア内に注目し、その文化内でのｓアレルの人の割合と個人主義－集団主義を調べた場合には追認できないというものである（Eisenberg & Hayes, 2011）。この批判はゴルトン問題（地理的に近距離にある国々はその共通した歴史的背景ゆえに似通っていると考えられるが、そのためにデータセットの独立性が失われており、そのような場合に空間的自己相関を統制せずに相関を求めると偽陽性の知見が発生しやすいこと）(3) に基づくものであり、先に同様に言及した病原体と集団主義との相関（Fincher et al., 2008）も空間的自己相関を統制すると消失する（Horita & Takezawa, 2018）。加えて彼らが使用したデータベースにはアフリカや南米に関するものがほとんど含まれていないという問題も指摘されている。ミンコフら（Minkov et al., 2015）は、先行研究に基づきアフリカや南米における５－ＨＴＴＬＰＲのｓアレルの人の割合に関して入手できるものを

なかった。

追加した上で、ホフステッドの個人主義－集団主義との相関を調べた。しかしその相関は有意では

文化と遺伝子の共進化を検討する場合、ある遺伝子型を保有している人の割合に着目するため、国を含む地域が単位となる。ここにデータベースの制約が加わったり、さらには歴史や地理的に関連している地域をまとめて1つの単位としたりすると、サンプルサイズはかなり限定される。そしてこのようにサンプルサイズが小さいと、偽陽性の知見を生み出しやすい。

サンプルサイズの小ささに基づくそのような問題を踏まえ、例えば先に紹介したカルバーハウスらの研究では統計的な安定性を保つための基準として300名未満の研究を対象外とした。これを1つの基準とするなら、文化心理学者が行ってきた文化と遺伝子の相互作用の多くの研究はそれを満たしていない。そのような問題を踏まえ、実際に私たちの研究チームでは、日本とカナダで計1000名程度からさまざまな心理・行動指標を用いたデータを得た(4)。そして分析では、反復測定による多重性の問題を是正するために、仮説の数に基づき有意水準を厳しくした。このように先程紹介した北山らのDRD4と自己観研究やキムらのOXTR研究と比較してより問題の少ない方法を用いたが、その結果、文化と遺伝子多型の有意な相互作用はおおむね見出されなかった。例えば、相互独立と相互協調の自己観の文化差は追認されたものの、DRD4による影響は全く見られなかった（Ishii et al., 2021a）。また感情表出のしやすさは感情抑制の裏返しゆえに、特にポジティブ感情の表出は日本よりもカナダにおいて顕著であったが、OXTR rs53576 の影響やまた別のOXTR

遺伝子の多型（rs2254298）による影響はいずれも生じなかった（Ishii et al., 2021b）。

そしてなぜ大きなサンプルサイズが必要かといえば、遺伝子多型による効果量が小さいからに他ならない。心理学者が関心をもってきたのは、ラクトースの分解酵素に関連するＬＣＴ遺伝子の多型、また皮膚の色に関連するＳＬＣ24Ａ５やＳＬＣ45Ａ２遺伝子の多型といったような遺伝子型と表現型との間に明確な関連がある（しかもそれらは自然選択のもとで進化してきたことが示唆されている）ものではない。これらと比較すれば一目瞭然であるが、さまざまな心理過程を経て生じる行動様式を表現型とした場合には、その複雑な過程ゆえに遺伝子による影響があったとしても効果が極めて小さいと考えられる。

## ターゲットの問題

他の重要な点として、そもそもその遺伝子に着目するのはどの程度妥当なのかということが挙げられる。研究者たちがヒューリスティックを用いた結果、よく公刊されている遺伝子多型に注目が集まり、闇雲にその遺伝子多型とさまざまな社会行動との関連が研究されてきた可能性は否めない。例えば、出アフリカ以降の人類の移動・移住を考えたときに、移動や移住にかかわる心の性質との関連が推測される遺伝子多型、または遺伝子多型の保有に関する地域の特異性を考慮したうえでの、いわば候補となる遺伝子多型の決め打ちにならざるをえない。そのため莫大な数の遺伝子が存在していることを踏まえると、このようなやり方を用いる限り、大多数の遺伝子による影響の有無は未知のままである。

このような問題点のある候補遺伝子研究に代わるものとして昨今主流なのがゲノムワイド関連解析（GWAS）を用いた研究である。これは、網羅的に数十万から数百万の一塩基多型を解析し、どの遺伝子型と形質（例えば疾患や心理的な特性）が関連しているのかを調べるものである。その利点は、何らかの仮説を必要とせずに、網羅的な解析によってある一塩基多型と形質の関係を見いだすことにあり、その結果これまで関連が知られていなかった新しい遺伝子に着目することが可能になる。特に心理的な特性に着目した場合、例えばオクベイら（Okbay, Baselmans et al., 2016）は、3つの心理変数（主観的幸福感、うつ傾向、神経症的傾向）に着目し、それぞれにつき最低でも16万人以上のデータを参照することで、主観的幸福感には3個、うつ傾向には2個、そして神経症的傾向には11個のそれぞれ独立した一塩基多型が関与していることを明らかにした。

加えてGWASの進展とともに、GWASによって得られた複数の候補遺伝子の効果を評価するための多遺伝子スコアも用いられている。このスコアは、各遺伝子多型の影響をアレルの数（0、1、2）にその遺伝子多型の効果量で重みづけして求め、加算したものである。社会科学分野におけるGWAS研究のうち、信頼性の高い結果を見出している指標として教育年数が挙げられる。近年、教育年数を対象とした大規模なGWAS研究が行われ、多遺伝子スコアが用いられている。幸福感のような主観的な評価とは異なり、教育年数は客観的な指標であり、しかも社会経済的地位を示唆する。そのため、教育年数を対象としたGWAS研究を行うことで、社会階層に関連したさまざまな社会行動や健康への遺伝子の効果といった極めて影響力のある議論が可能である。

一連の研究のうち、10万程度のデータを用いた初期のもの（Rietveld et al., 2013）は、３つの独立した一塩基多型を同定した。また、有意水準の閾値をいくつか設定してその基準を満たす複数の遺伝子多型を使って多遺伝子スコアを求め、それがどの程度教育年数の分散を説明するかを調べた。その結果、すべての遺伝子多型を含めた場合の数値が最も高く、その値は約３％であった。後続のより大きいサンプルサイズを用いた研究の場合、約30万のデータを用いたもの（Okbay, Beauchamp et al., 2016）は、74の独立した一塩基多型を同定し、すべての遺伝子多型を含めた場合の多遺伝子スコアは、3.2％の教育年数の分散を説明した。さらに１１０万程度のサンプルサイズを用いたもの（Lee et al., 2018）は、１２７１の独立した一塩基多型を同定し、その多遺伝子スコアは11～13％の教育年数の分散を説明した。最近の３００万程度のサンプルサイズを用いたもの（Okbay et al., 2022）は、３９５２の独立した一塩基多型を同定し、その多遺伝子スコアは12～16％の教育年数の分散を説明した。１つ１つの遺伝子多型の効果は非常に小さいが、それを加算していくことによって効果が大きくなることが読み取れる。

では、教育年数にかかわる多遺伝子スコアは、関連する変数をどの程度予測するのだろうか。ベルスキーら（Belsky et al., 2016）は、まず、ダニーデン（ニュージーランド）における縦断研究のデータセットを用い、教育年数にかかわる多遺伝子スコアは、社会経済的地位の高い家庭環境であるほど高かったものの、そのような家庭環境の差異にかかわらず、そのスコアが高いほど成人になってから社会的に成功しやすいこと（つまり下から上への社会移動が生じやすいこと）を示した。また彼らは、他のいくつかの縦断研究のデータベースを加えて検討し（Belsky et al., 2018）、この２０１６年の知見を追認するとともに、母親の教育年数にかかわる多遺伝子スコアが子どもの教育年数の長さを予測することを示した。

## GWASの問題点

ＧＷＡＳ研究は、行動遺伝学の研究の関心と軌を一にする。その上ですべての組み合わせを総ざらいして、「どのＤＮＡの塩基配列に生じる違い」が個人差を生み出すのかを示そうとする。それゆえ、その示したい点に交絡するようなさまざまな要因を統制する。文化は統制される変数の最たる例である。実際、ＧＷＡＳ解析に基づく知見は、世界人口の約24％の情報に基づくもので、そのサンプルの代表性には問題がある（Mills & Rahal, 2020）。

この「総ざらい」の手法では検定を繰り返して行うことによって生じる多重比較の問題が深刻であるため、有意水準を極めて低い値に設定し、多大なサンプルサイズを確保することによって検定力を得ることが必須である。そのためにはビッグデータの解析が有用であり、この分野の知見の多くは、英国の UK Biobank や米国の Add Health 等のビッグデータに基づくものである。そして通常、そのデータベースに多数含まれるヨーロッパを出自とする人々を対象にモデルが作成される。かねてからこの分野では、民族の差異などが理由で遺伝的に異なったサンプルが含まれる場合に集団構造（population stratification）のバイアスが生じ、偽陽性の知見の確率が上昇することが知られている（Marchini et al. 2004）。一般的には、主成分分析を用いてその集団構造を取り出し、遺伝子の効果を調べるための線形回帰モデルにその集団構造に関する項を含めることで統制する。ヒトという生物の普遍的な特性を前提とした場合、民族の差異は基本的にエラーとして扱う（だから統制する）前提がここにはある。

ただし、先述の１１０万程度のサンプルサイズを用いた研究（Lee et al. 2018）では、得られた多遺伝子スコアをアメリカの Health and Retirement Study のデータベースにおけるアフリカ系アメリカ人にも援用したが、それによって説明された教育年数の分散は1.6％に過ぎなかった。マーティンら（Martin et al. 2017）も、欧米のビックデータを対象としたＧＷＡＳから得られた候補遺伝子や多遺伝子スコアによるモデルを他の民族背景の人々に適用するのが困難であることを述べている。また、広範な研究のレビューを行ったダンカンら（Duncan et al. 2019）も同様の結論を示した。２００８年から２０１７年に行われた多遺伝子スコアを含む研究の67％がヨーロッパ系の人々のみを対象としており、ヨーロッパ系の人々をもとにしたモデルの当てはまりは非ヨーロッパ系において低く、特にアフリカ系の場合にその傾向は顕著であった。オクベイらが主観的幸福感について見いだした３つの遺伝子多型を候補遺伝子として用い、１０００人以上のドイツ人からデータを収集して人生満足度との関連を調べたラクマンら（Lachmann et al. 2021）においても、そのうちの１つの遺伝子多型においてのみ、しかも限られた領域における人生満足度への影響が得られただけであった。

何らかの仮説を必要としない網羅的な解析であるＧＷＡＳの特性を踏まえれば、たとえ未知の遺伝子多型が見いだされたとしても、それが生体内でどのような機能を持ち、その機能に関連する他の遺伝子多型とどのような機序のもとで成り立っているのか等、さまざまな形での検証が必要である。ＧＷＡＳとは“genome wide scans”である（Montag et al., 2020）といった言葉が示唆するように、ＧＷＡＳによって見出された「候補」遺伝子についてその影響を行動や脳レベルで詳細に検討していくことは不可欠である。ラクマンらが行ったように、ＧＷＡＳ研究によって候補とされた遺伝子多型の効果を異なったサンプル（特に元となっているＧＷＡＳ研究がターゲットとした集団とは異なった民族的背景や文化的背景をもったサンプル）を使って検討し、その効果の妥当性を調べていく作業は極めて重要である。

そしてこの「他の民族背景の人々への適用の困難さ」は、さまざまな民族集団を対象としたＧＷＡＳ研究の必要性も示唆する。幸福感に関して、ヨーロッパの民族集団に加え、韓国の民族集団を加えたキムらの研究（Kim et al., 2022）では、それら２つのデータセットにおける共通性とともに、韓国人において幸福感と関連する新たな一塩基多型を３つ見出した（rs2293171, rs11698451, rs61461200）。そして我々も日本人を対象として主観的幸福感（島井ら、2004）のＧＷＡＳ研究を行ったところ、その近接性を反映し、キムらが韓国人を対象に見出したその３つの一塩基多型のうち、２つに共通性が見られた。具体的には、ＧＷＡＳ研究で一般的に用いられる$5.0\times10^{-8}$という有意水準を用いた場合、rs35179066という未知の遺伝子多型が１つ同定された。この遺伝子多型はキムらの研究では、分析対象に含まれていなかった。その一方で、キムらが見出したその３つの遺伝子多型に着目した場合、rs2293171とrs61461200に関しては、通常の５％の有意水準を用いた場合に有意であった。そしてキムらと同様に、rs2293171、rs61461200のいずれも、その割合が低いほうの多型（rs2293171に関してはサンプルの約39％、rs61461200に関してはサンプルの約２％が示しており、その割合もキムらの研究とほぼ同じ）の幸福感が低くなっていた（Ishii et al., 2024）。

## 「中道的」アプローチの可能性

候補遺伝子研究、ＧＷＡＳ研究、それぞれに問題点はあるが、私自身、包括的思考をしがちな一アジア人としてそこに何らかの「中道的」アプローチを見いだしたいと思っている。特に、候補遺伝子研究には多くの問題点があるが、それを全否定するのではなく、遺伝子型と表現型との間にどのような機序を想定できるのか、その点を明確にしたうえでターゲットとする遺伝子多型を選択することにより、偽陽性の知見を減らすことは可能であるように思う。

その参考になるものとして、リーらの研究がある（Lee et al., 2021）。彼らは、ＯＸＴＲ遺伝子の多型がどの程度脳の特定領域で発現しているかをもとにいわば脳内での表現型を推測し、それが国レベルの社会生態学的な脅威と規範の厳しさとどのように関連するかを検討した。具体的には、70

のOXTR遺伝子多型と10の脳領域（例えば、前部帯状回、前頭前野、尾状核）をターゲットとした。そして各脳領域におけるOXTRの発現レベルについて地域差（アフリカ、東アジア、南アジア、ヨーロッパ、アメリカ）を分析したところ、前部帯状回を対象とした際に最も明確な差異が見出された（図5-5）。しかも前部帯状回におけるOXTRの発現レベルは、国レベルの社会生態学的な脅威や規範の厳しさと正の相関を示した（図5-6）。

加えて、この前部帯状回におけるOXTRの発現に特に関連している2つの多型には地域間での差異が見られなかったものの、それらと連関しているOXTR遺伝子多型 rs9840864 には地域差があり、少数派のCアレルは東アジア（中国、日本、ベトナム）ではむしろ多数派に転じていた（図5-7）。前部帯状回が共感や向社会性に関連していることを踏まえると、社会生態学的な脅威が高い環境のもとでは、共感や向社会性を促す機能ゆえに、前部帯状回におけるOXTRの発現レベルが選択されてきたのかもしれない。なお、rs9840864 に関して、我々の研究チームの日本人のデータセットを対象に、規範遵守に関連があると思われる道徳基盤尺度（厳しい規範を持つほど、逸脱行為に対して道徳的に間違っていると判断すると思われる）の得点をその多型間で比較したところ、道徳基盤のうち神聖を重視する程度は、G／Gの遺伝子型を持つ人々よりもC／Cの遺伝子型を持つ人々で高かった。生態学上の脅威（例えば病原体）が大きかった環境（例えば東アジア）において、集団内の協力や団結に向けた規範による人々の行動の統制が不可欠であったと考えられるが、おそらく神聖の醸成はそのような環境において適応的であったのかもしれない。そしてこのことと東ア

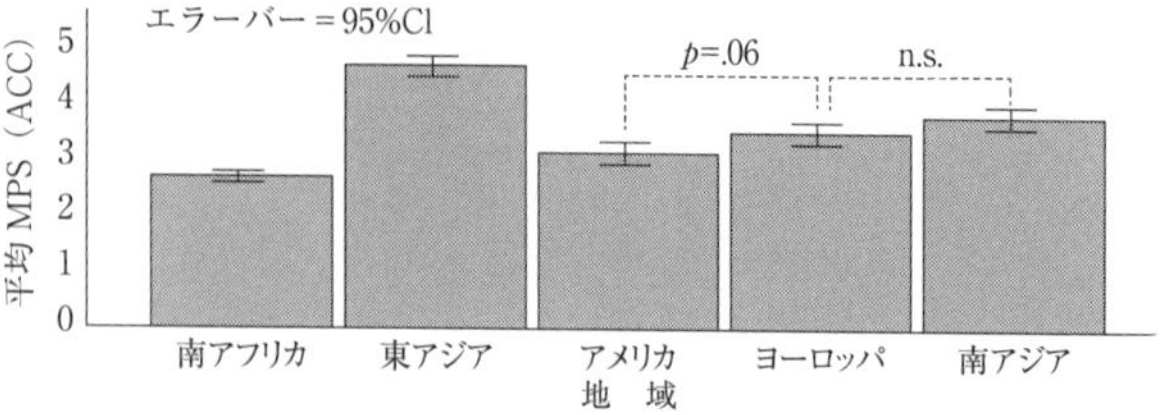


**図5-5**　各地域ごとの前部帯状回における推定OXTR発現量。図中に記載のない一対比較はすべて$p < .01$（Lee et al., 2021）

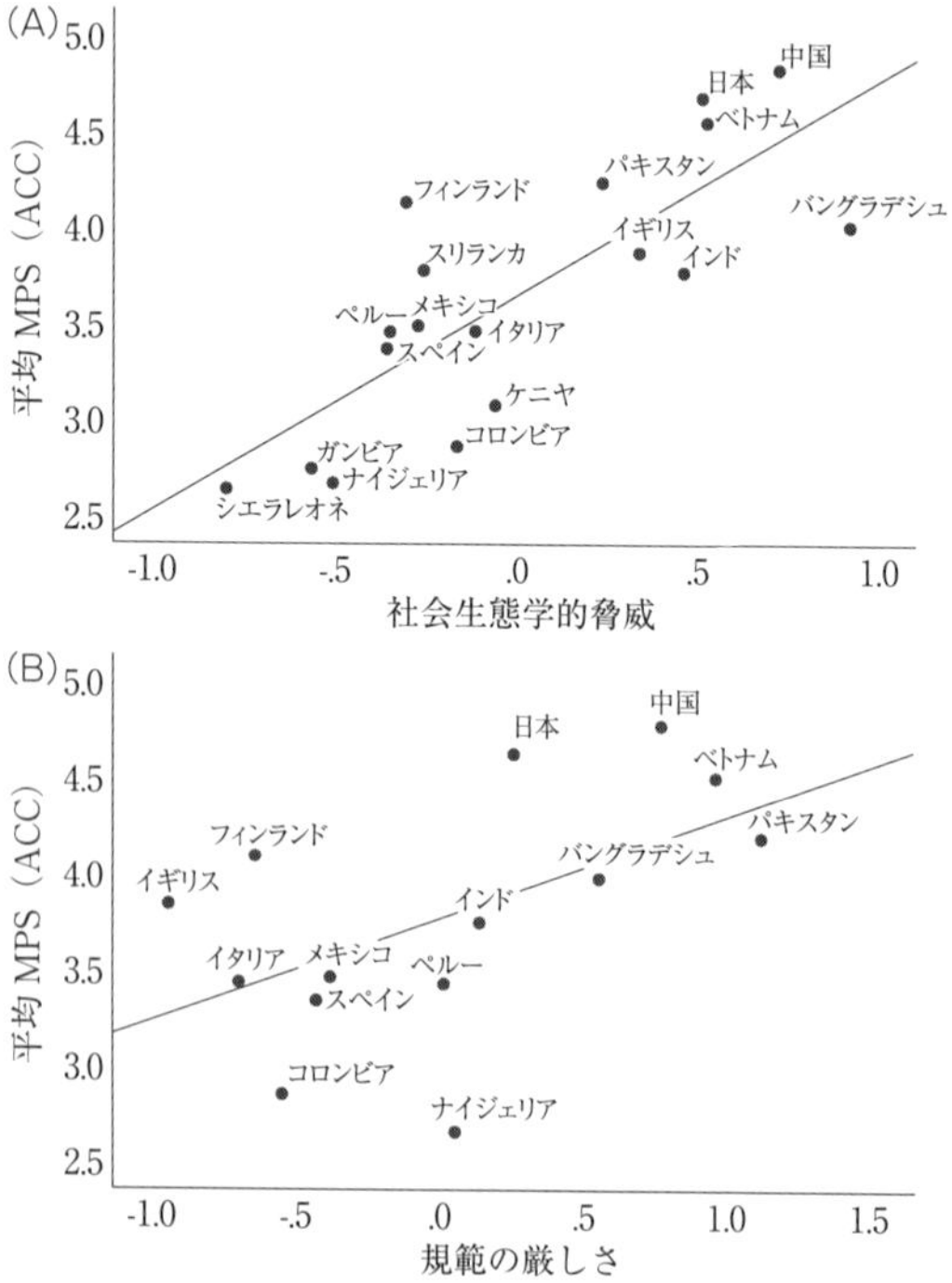


**図5-6**　前部帯状回における推定OXTR発現量と社会生態学的脅威(A)および規範の厳しさ(B)の相関（Lee et al., 2021）

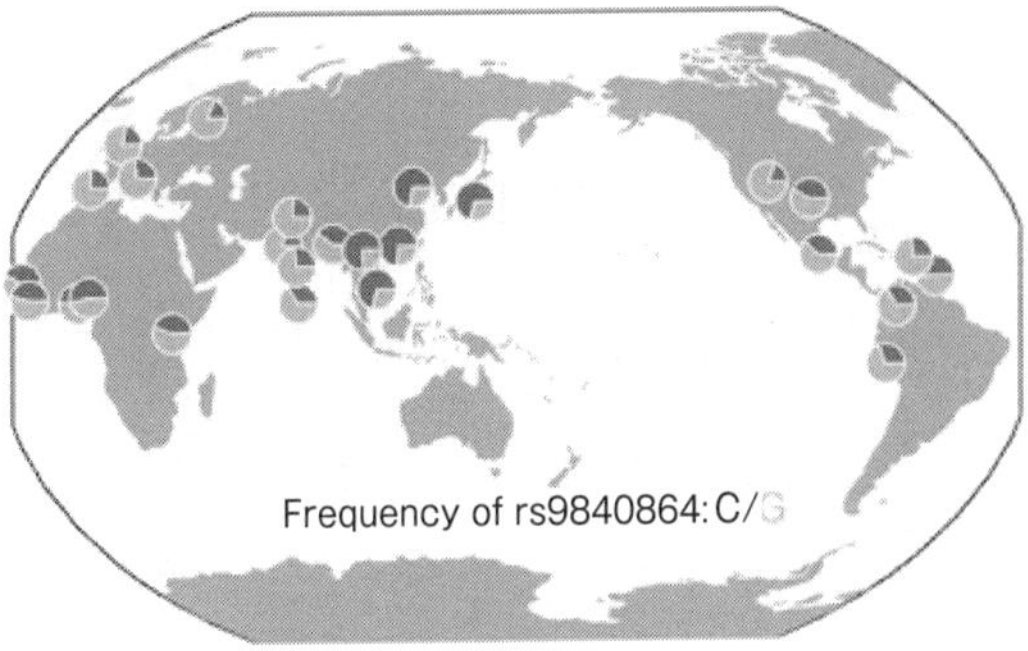


図５-７　OXTR遺伝子多型rs9840864のＣアレルとＧアレルの割合の地域差（Lee et al., 2021）

ジアにおいてＣアレルが多数派であることは何らかの形で結びついていると思われる（石井ら、2023）。

　また、研究の主眼が社会・文化環境と遺伝子の共進化にあるという点を忘れてはならない。ヒト族がチンパンジーの系統から分かれ、後期更新世の気候変動を背景に進化し、アフリカ大陸外への大移動を始めたその移動を踏まえたターゲットの選択が重要である。例えば、Ｙ染色体ハプログループの変異をたどったとき、ハプログループＤ系統の中でもＤ１のみが出アフリカを果たし、その下位系統であるハプログループＤ１ａ２ａ（Ｄ-Ｍ55）系統は日本のみでしか見られていない。興味深いことに、Ｄ-Ｍ55遺伝子多型を持つ男性は、それを持たない男性や女性よりも、ＢＭＩが高く、友人の数も多く、ＤＲＤ２のＧ／Ｇ型の頻度が低い（ドーパミンの放出抑制機能が弱いことが推察される）ことが示されている（Matsunaga et al., 2021）。

　さらに、精神疾患関連遺伝子の進化速度を推定した佐藤と河田の研究（Sato & Kawata, 2018）では、人類の進化の過程で特に3つの遺伝子が加速的に進化し、その中でもSLC18A1遺伝子に関して出アフリカとの関連を見いだしている。SLC18A1遺伝子は、ヒト以外の哺乳類ではアスパラギンであったのが、ヒトではスレオニン（Thr）とイソロイシン（Ile）の2つあり、そのうちThrは双極性障害や統合失調症と関連していると言われている。彼らはThrとIleがどのように進化したかを調べ、まずヒト族がチンパンジーの系統から分かれた過程でThrが有利な影響を与え、その後の出アフリカの前後でIleが表れ、それが自然選択され、頻度を増やしたことを示した。興味深いことに、アフリカではIleをもつ人々の割合が非常に低い一方、ヨーロッパやアジアでは、ThrとIleの遺伝子多型が維持されてきている。

最後に、動物モデルの援用も挙げられる。例えば、出アフリカに関連した遺伝子多型を見いだした研究として、ロヨらの研究（Royo et al. 2018）がある。この研究が着目しているのは、衝動性との関連が示されているシグナル制御タンパク質β1（SIRPB1）遺伝子のコピー数多型である。変異によってこの対立遺伝子に重複した領域をもつ個人は、そうでない個人よりも衝動性をコントロールするのに優れている（Laplana et al. 2014）。そして42の民族に注目してこの遺伝子多型の特徴を調べたところ、出アフリカを踏まえたときの移動距離が長いほど、その重複した領域をもつ個人の割合が高いことを明らかにした。またゼブラフィッシュを用いた実験により、重複した領域を持つ対立遺伝子があることによって中枢神経におけるSIRPB1の発現が促されることも示唆された。

ヒトとしての生物学的基盤を前提としながらも、社会・文化環境がどう人を作り上げ、さらにその人たちが寄り集まってどう社会・文化環境を作り上げたのだろうか？　この点に関するニッチ構築に基づく共進化の議論は、Laland（2017）やHenrich（2016）にある。極東の一文化心理学者の出番はない。出アフリカに始まる人類の大移動、定住とそれに伴う生業形態、病原体等のさまざまな脅威、資源をめぐるための集団内協力や集団間葛藤等が組み合わさり、ある特有のローカルな環境が生まれ、しかもその環境は人々の相互作用やその相互作用を司るルールからなり、その環境や人々の相互作用のあり方の背景にはそれらを可能にする人の認知能力、さらには脳活動がある。そしてその環境に適応した形質をもつ個人ほど子孫を多く残す確率は高くなる。

では、このような道筋の中で、さまざまな歴史的文脈の影響も受け、相互独立・相互協調（または個人主義・集団主義）のグラデーションまたはモザイクとしての文化に至っているとしたなら、そこには具体的にどのような遺伝子が関連してくるのだろうか。その解明は私にとって魅力的に思える。実際、候補遺伝子に基づく研究は、この共進化のモデルにもっともらしい肉付けをしてくれるようにも見える。だからこそ私もその研究に飛び込んだのだ。

ただ、もっともらしさと科学的な正しさは区別されるものである。おそらく共進化におけるモデルの「遺伝子」とは、表現型として心理変数を対象としたとき、まさに多遺伝子スコアみたいなある意味潜在変数のようなもの、つまりそれ自体は観察されていないが、観察されたものを集めた

「推定」に基づく何かなのかもしれない。行動遺伝学にしても、遺伝要因と名付けているものの中味が何なのか、それを明らかにはしてきていない。だからこそ候補遺伝子に関するその知見は「示唆的」以上の何物でもないのだろう。例えば、脅威に対して人々がまとまって対応することが有効であり、まとまりの背景には不安を介した他者志向性や他者依存があるとして、そこから先の道筋、つまり不安への敏感性や他者志向を表現型として考えたときの遺伝子型に至るまでの道筋は全くわからない。ただ、5-HTTLPRについて考えられている機能や、地域ごとのその多型の割合等は、サーチライトとなる可能性がある。一方で、GWASによって見出される各遺伝子多型の効果は砂の一粒であり、その遺伝子多型がどのような機能を持っているのかがわからない場合が多い。さらにそれは基本的には行動遺伝学と軌を一にした「個人差」を説明するための手法である。その遺伝と環境の相互作用への示唆は極めて富んでいると思われるが、どこまでそこで示される個人差が文化現象の説明となりうるのかは率直なところ不明である。

「文化-心-脳-遺伝子」をめぐる問題は、まるでカフカの『城』のようである。それが現在進行中の、明らかに城を見失っている私の結論である。

## 注

（1）フィッシャーは、規範の厳しさではなく、国を単位とした権威や階層主義的な価値観への支持に着目し、脅威とsアレルをもつ個人の割合がそれにどう関連するのかを調べた（Fischer, 2013）。その結果、歴史上および生態学上のさまざまな脅威が高い環境下ほど権威や階層主義的な価値観への支持は高くなっていた。ただし各国のｓアレルをもつ個人の割合がその関係を調整しており、ムラゼクら（Mrazek et al., 2013）が示した媒介の関係は見られなかった。具体的には、ｓアレルをもつ個人の割合が多い国においてのみ、歴史上および生態学上のさまざまな脅威→権威や階層主義的な価値観への支持となっていた。

（2）　ここに挙げた問題点に加え、環境と遺伝子の相互作用に関する研究では、その通文化的な妥当性の検証という観点も抜けている。我々の研究チームでは、日本とカナダにおいて一般的信頼の醸成における養育環境とOXTR rs53576 との相互作用の可能性を検討し、望ましくない養育環境が一般的信頼の醸成の妨げになるが、この効果はＡＡの遺伝子型をもつ個人に特化していることを通文化的に示した（Zheng et al., 2020）。

（3）　なお文化比較研究におけるゴルトン問題への対応として、系統学的なアプローチ（語族や空間的な近接性等によって文化の系統樹を作成し、それによって文化間で歴史的・空間的に共有されている部分を統制するもの（Mace & Pagel, 1994）や、地域を変量効果として扱った分析（Horita & Takezawa, 2018）が挙げられる。

（4）　ただし新たな遺伝子多型と文化の有意な相互作用も見いだされている。人生に対する前向きな態度は日本人学生よりもカナダ人学生の方が全体的に高かったが、カンナビノイド受容体遺伝子多型（CNR1：rs806377）による影響が見られ、日本では比較的稀なＣ／Ｃ遺伝子型を持つ個人は人生に対して特に前向きであることが分かり、カナダ人学生とほぼ同等であった。カナダにおいては、逆にＴ／Ｔ遺伝子型の方が前向きな態度得点が高いことも示された（Matsunaga et al., 2018）。

# あとがき

研究とは、カフカの『城』のようである。今の私は「明らかに城を見失っている」のだが、過去その城は見えていたようにも思えるし、今後、城は私の前にそびえたつ可能性もある。城の周りをぐるぐる回っている私の足音に、何だ何だと人が集まり、開城までいってしまうかもしれないし、「うるさい、黙れ」と袋叩きに合うかもしれない。どのような可能性になるのか、実際のところ偶然の賜物としか言いようがない。そしてその偶然性を信じるからこそ、歩を止めることはできない。

実は、文化そのものも、カフカの『城』のようである。私は城があると思い、そこにたどり着こうとウロウロするわけだが、もし城が本当は存在していなかったとしたら、これほど怖いものはない。文化、というか周囲の人々との相互作用の結果生まれる慣習と意味の集積は、私自身に方向性を与え、その先にある目指すべき価値を授けてくれる。その価値という名の方向づけ、つまり

「城」に人は動かされる。ただほとんどの人はその「城」に無自覚だ。というか当たり前すぎて見えないのだ。それが当たり前ではないこと、そして「城」の存在に自覚的にさせてくれたのが、文化心理学の考え方であるように思う。

この考え方を知ったところで、それが直接的に人の役に立つわけではない。おそらくこの考え方を知らないまま、大学を卒業して、大学入学時のやるせない志望のまま（農学部に入ったが当時は入試の段階で学科が決まり、行きたいところに行けなかったのだ）、教員になっていたほうがまだわかりやすく人の役に立っていただろう。それか農業工学科のまま、土木関連の仕事についたらもっとわかりやすかっただろう。しかし人とは？　文化とは？　共進化とは？　といった問題はすべて偶然の賜物だが、その偶然性の中に実は進化や歴史に基づく経路依存性があり、その解明こそが人間性と文化多様性の豊かな理解を可能にするという「城」の存在をかみしめながら、歩みを進めるのは実に幸せなことである。何しろ「城」は見えないのだから、その姿はよれよれで、眉間にも皺がよっているかもしれない。しかしながら内実これほど幸せなことはない。ここまで読まれた方にもその幸せがわずかでも伝わったとしたら、間接的ながら人の役に立てたということになるのだろう。

偶然にも、「城」の存在に自覚的にさせてくれたのが、1回生のときの北山忍先生の授業だった。第4章の冒頭に記したが、その授業を通じて北山先生の研究室に出入りし（結果的に転学部もし）、感情的発話の刺激を作り始め、私自身の学習能力のなさと（それゆえの）頑固さに呆れかえりながらも、引っ張っていただいたからこそ現在がある。そして、「城」の存在の執拗さをさらに自覚的にさせてくれたのが、北海道大学に助手・助教として研究・教育活動に従事していた時期であり、いかに自分が生まれてこの方、その商人コミュニティの意味の網の目にがんじがらめになっているかを感じさせてくれたのが、山岸俊男先生だった。北山先生も山岸先生もいまだ私の夢の中に現れては、私を叱咤してくれる。今に至るまでお2人の先生には感謝しかない。

文化心理学の研究は、1人の力だけでは到底できない。率直なところ、北山先生のおかげで感情的発話の研究が *Psychological Science* といったトップジャーナルに掲載されたこと、そして北海道大学に就職後、ストレスフルだったとはいえ、山岸先生や亀田達也先生をはじめとする諸先生方のおかげでさまざまな国際シンポジウムやワークショップに携わることができたこと、さらにミシガン大学でポスドク研究員として研究活動に従事できたこと、そのような偶然によって自分自身の研究のネットワークと見識は広がり、その結果たくさんの共同研究者に恵まれ、助けてもらってきたからこそ、現在がある。「城が見えない」のは自身の学習能力のなさ、そこに尽きる。共同研究者の方々にも感謝しかない。

なお本書は、これまで執筆した以下の日本語論文の内容に基づいている。


石井敬子（2022）．認知と感情の文化差．鈴木宏昭（編）認知科学講座3　心と状況・社会・文化——関係性の認知科学（pp. 33-60）．東京大学出版会．

石井敬子（2022）．社会・文化環境と遺伝子の共進化と相互作用：これまでの成果と今後の課題．

心理学評論, 65, 186-204.
石井敬子（2014）．文化神経科学．山岸俊男（編）文化を実験する：社会行動の文化・制度的基盤（シリーズフロンティア実験社会科学第7巻）（pp. 35-62）．勁草書房．

本書は、その『文化を実験する』の公刊後に勁草書房の永田悠一さんから声をかけていただいたのがきっかけである。随分とお待たせしてしまい実に申し訳ない。すべて私自身の力不足に因るにもかかわらず、私のモットーでもある「悪魔のような執念、牛のような忍耐」で対応していただいたことに、心から感謝したい。最後に、出版にあたり、名古屋大学学術図書出版助成を受けたことに、記して感謝を示す。

# 索 引

## ◇さ　行



## ◇た　行

# 引用文献


Adams, G. (2005). The cultural grounding of personal relationship: enemyship in North American and West African worlds. *Journal of Personality and Social Psychology, 88*, 948-968.

Adams, R. B. Jr., Rule, N. O., Franklin, R. G. Jr., Wang, E., Stevenson, M. T., Yoshikawa, S., Nomura, M., Sato, W., Kveraga, K., & Ambady, N. (2009). Cross-cultural reading the mind in the eyes: An fMRI investigation. *Journal of Cognitive Neuroscience, 22*, 97-108.

Aiden, E., & Baptiste, M. J. (2013). *Uncharted: Big Data as a Lens on Human Culture*. New York, NY: Riverhead Books. 阪本芳久（訳），高安美佐子（解説）(2016). *カルチャロミクス　文化をビッグデータで計測する*. 草思社.

安藤寿康 (2022). *生まれが9割の世界をどう生きるか*. SBクリエイティブ.

安藤寿康 (2023). *能力はどのように遺伝するのか*. 講談社.

Bakermans-Kranenburg, M. J., & van Ijzendoorn, M. H. (2011). Differential susceptibility to rearing environment depending on dopamine-related genes: New evidence and a meta-analysis. *Development and Psychopathology, 23*, 39-52.

Belsky, D. W., Domingue, B. W., Wedow, R., Arseneault, L., Boardman, J. D., Caspi, A., Conley, D., Fletcher, J. M., Freese, J., Herd, P., Moffitt, T. E., Poulton, R., Sicinski, K., Wertz, J., & Harris, K. M. (2018). Genetic analysis of social-class mobility in five longitudinal studies. *Proceedings of the National Academy of Sciences, 115*, E7275-E7284.

Belsky, D. W., Moffitt, T. E., Corcoran, D. L., Domingue, B., Harrington, H., Hogan, S., Houts, R., Ramrakha, S., Sugden, K., Williams, B. S., Poulton, R., & Caspi, A. (2016). The genetics of success: How single-nucleotide polymorphisms associated with educational attainment relate to life-course development. *Psychological Science, 27*, 957-972.

Belsky, J. (2005). Differential susceptibility to rearing influences: An evolutionary hypothesis and some evidence. In B. Ellis & D. Bjorklund (Eds.), *Origins of the social mind: Evolutionary psychology and child development* (pp. 139-163). Guildford.

Belsky, J., Bakermans-Kranenburg, M. J., & van IJzendoorn, M. H. (2007). For better and for worse: Differential susceptibility to environmental influences. *Current Directions in Psychological Science, 16*, 300-304.

Bem, D. J. (1972). Self-perception theory. In L. Berkowitz (Ed.), Advances in Experimental Social Psychology (pp. 1-62). New York: Academic Press.

Benjamin, J., Li, L., Patterson, C., Greenberg, B. D., Murphy, D. L., & Hamer, D. H. (1996). Population and familial association between the D4 dopamine receptor gene and measures of novelty seeking. *Nature Genetics, 12*, 81-84.

Berkowitz, L. (1989). Frustration-aggression hypothesis: examination and reformulation. *Psychological Bulletin, 106*, 59-73.

Berry, J. W. (1971). Ecological and cultural factors in spatial perceptual development. *Canadian Journal of Behavioural Science, 3*, 324-336.

Bjornsdottir, R. T., Tskhay, K. O., Ishii, K., & Rule, N. O. (2017). Cultural differences in perceiving and processing emotions: a holistic approach to person perception. *Culture and Brain, 5*, 105-124.

Bowers, M. E., Buzzell, G. A., Salo, V., Troller - Renfree, S. V., Hodgkinson, C. A., Goldman, D., Gorodetsky, E., Martin McDermott, J., Henderson, H. A., & Fox, N. A. (2020). Relations between catechol - O - methyltransferase Val158Met genotype and inhibitory control development in childhood. *Developmental Psychobiology, 62*, 181-190.

Boyd, R., & Richerson, P. J. (1985). *Culture and the evolutionary process*. The University of Chicago Press.

Brehm, J. W. (1956). Postdecision changes in the desirability of alternatives. *Journal of Abnormal and Social Psychology, 52*, 384-389.

Bruner, J. (1990). *Acts of meaning*. Cambridge, MA: Harvard University Press. 岡本夏木・吉村啓子・仲渡一美（訳）(1999). *意味の復権*. ミネルヴァ書房.

Cacioppo, J. T., Crites, S. L., Berntson, G. G., & Coles, M. G. H. (1993). If attitudes affect how stimuli are processed, should they not affect the event-related brain potential?. *Psychological Science, 4*, 108-112.

Cacioppo, J. T., Crites, S. L., Gardner, W. L., & Berntson, G. G. (1994). Bioelectrical echoes from evaluative categorizations: I. A late positive brain potential that varies as a function of trait negativity and extremity. *Journal of Personality and Social Psychology, 67*, 115-125.

Cai, H., Wu, L., Shi, Y., Gu, R., & Sedikides, C. (2016). Self-enhancement among westerners and easterners: A cultural neuroscience approach. *Social Cognitive and Affective Neuroscience, 11*, 1569-1578.

Caparos, S., Ahmed, L., Bremner, A. J., de Fockert, J. W., Linnell, K. J., & Davidoff, J. (2012). Exposure to an urban environment alters the local bias of a remote culture. *Cognition, 122*, 80-85.

Caspi, A., Sugden, K., Moffitt, T. E., Taylor, A., Craig, I. W., Harrington, H., McClay, J., Mill, J., Martin, J., Braithwaite, A., Poulton, R. (2003). Influence of life stress on depression: Moderation by a polymorphism in the 5-HTT gene. *Science, 301*, 386-389.

Cavalli-Sforza, L. L., & Feldman, M. W. (1981). *Cultural transmission and evolution: A quantitative approach*. Princeton University Press.

Chang, F. M., Kidd, J. R., Livak, K. J., Pakstis,A. J., & Kidd, K. K. (1996). The world-wide distribution of allele frequencies at the human dopamine D4 receptor locus. *Human Genetics. 98*, 91-101.

Chen, C., Burton, M., Greenberger, F., & Dmitrieva, J. (1999). Population migration and the variation of dopamine D4 receptor (DRD4) allele frequencies around the globe. *Evolution and Human Behavior, 20*, 309-324.

Cheon, B. K., Im, D. M., Harada, T., Kim, J. S., Mathur, V. A., Scimeca, J. M., Parrish, T. B., Park, H., & Chiao, J. Y. (2013). Cultural modulation of the neural correlates of emotional pain perception: the role of other-focusedness. *Neuropsychologia, 51*, 1177-1186.

Chiao, J. Y., & Ambady, N. (2007). Cultural neuroscience: Parsing universality and diversity across levels of analysis. In S. Kitayama & D. Cohen (Eds.), *Handbook of cultural psychology* (pp. 237–254). The Guilford Press.

Chiao, J. Y., & Blizinsky, K. D. (2010). Culture-gene coevolution of individualism-collectivism and the serotonin transporter gene. *Proceedings of the Royal Society B, 277*, 529-537.

Chiao, J. Y., Harada, T., Kobeda, H., Li, Z., Mano, Y., Saito, D., Parrish, T. B., Sadato, N., & Iidaka, T. (2009a). Neural Basis of individualistic and collectivistic views of self. *Human Brain Mapping, 30*, 2813-2820.

Chiao, J. Y., Harada, T., Kobeda, H., Li, Z., Mano, Y., Saito, D., Parrish, T. B., Sadato, N., & Iidaka, T. (2009b). Dynamic cultural influences on neural representation on the self. *Journal of Cognitive Neuroscience, 22*, 1-11.

Chiao, J. Y., Iidaka, T., Gordon, H. L., Nogawa, J., Bar, M., Aminoff, E., Sadato, N., & Ambady, N. (2008). Cultural specificity in amygdale: Response to fear faces. *Journal of Cognitive Neuroscience, 20*, 2167-2174.

Chiu, L. H. (1972). A cross-cultural comparison of cognitive styles in Chinese and American children. *International Journal of Psychology, 8*, 235-242.

Choi, I., Dalal, R., Kim-Prieto, C., & Park, H. (2003). Culture and judgment of causal relevance. *Journal of Personality and Social Psychology*, 84, 46-59.

Choi, I., & Nisbett, R. E. (1998). Situational salience and cultural differences in the correspondence bias and in the actor-observer bias. *Personality and Social Psychology Bulletin, 24*, 949-960.

Chua, H. F., Boland, J. E., & Nisbett, R. E. (2005). Cultural variation in eye movements during scene perception. *Proceedings of the National Academic of Sciences of the Unite States of America, 102*, 12629-12633.

Chuang, R., Ishii, K., Kim, H. S., & Sherman, D. K. (2022). Swinging for the fences vs. advancing the runner: Culture, motivation, and strategic decision making. *Social Psychological and Personality Science, 13*, 91-101.

Cousins, S. D. (1989). Culture and self-perception in Japan and the United States. *Journal of Personality and Social Psychology, 56*, 124-131.

Craik, F. I. M., Moroz, T. M., Moscovitch, M., Stuss, D. T., Winocur, G.,

Tulving, E., & Kapur, S. (1999). In search of the self: A positron emission tomography study. *Psychological Science, 10,* 26-34.

Culverhouse, R. C., Saccone, N. L., Horton, A. C., Ma, Y., Anstey, K. J., Banaschewski, T., Burmeister, M., Cohen-Woods, S., Etain, B., Fisher, H. L., Goldman, N., Guillaume, S., Horwood, J., Juhasz, G., Lester, K. J., Mandelli, L., Middeldorp, C. M., Olie, E., Villafuerte, S., ... Bierut, L. J. (2018). Collaborative meta-analysis finds no evidence of a strong interaction between stress and 5-HTTLPR genotype contributing to the development of depression. *Molecular Psychiatry, 23,* 133-142.

de Bellis, E., Hildebrand, C., Ito, K., Herrmann, A., & Schmitt, B. (2019). Personalizing the customization experience: A matching theory of mass customization interfaces and cultural information processing. *Journal of Marketing Research, 56,* 1050-1065.

de Fockert, J., Davidoff, J., Fagot, J., Parron, C., & Goldstein, J. (2007). More accurate size contrast judgments in the Ebbinghaus Illusion by a remote culture. *Journal of Experimental Psychology: Human Perception and Performance, 33,* 738-742.

Dick, D. M., Agrawal, A., Keller, M. C., Adkins, A., Aliev, F., Monroe, S., Hewitt, J. K., Kendler, K. S., & Sher, K. J. (2015). Candidate gene-environment interaction research: Reflections and recommendations. *Perspectives on Psychological Science, 10,* 37-59.

Diener, E., & Biswas-Diener, R. (2002). Will money increase subjective well-being?. *Social Indicators Research, 57,* 119-169.

Ding, Y. C., Chi, H. C., Grady, D. L., Morishima, A., Kidd, J. R., Kidd, K. K., Flodman, P., Anne Spence, M., Schuck, S., Swanson, J. M., Zhang, Y., & Moyzis, R. K. (2002). Evidence of positive selection acting at the human dopamine receptor D4 gene locus. *Proceedings of the National Academy of Sciences, 99,* 309-314.

Duncan, L. E., & Keller, M. C. (2011). A critical review of the first 10 years of candidate gene-by-environment interaction research in psychiatry. *American Journal of Psychiatry, 168,* 1041-1049.

Duncan, L., Shen, H., Gelaye, B., Meijsen, J., Ressler, K., Feldman, M., Peterson, R., & Domingue, B. (2019). Analysis of polygenic risk score usage and performance in diverse human populations. *Nature Communications, 10,* 3328.

Ebstein, R. P., Novick, O., Umansky, R., Priel, B., Osher, Y., Blaine, D., Bennett, E. R., Nemanov, L., Katz, M., & Belmaker, R. H. (1996). Dopamine D4 receptor (D4DR) exon III polymorphism associated with the human personality trait of novelty seeking. *Nature Genetics, 12,* 78-80.

Ekman, P. (1984). Expression and the nature of emotion. In K. Scherer & P. Ekman (Eds.), *Approaches to emotion* (pp. 319-344). Hillsdale, NJ: Erlbaum.

Ekman, P., Friesen, W. V., O'sullivan, M., Chan, A., Diacoyanni-Tarlatzis, I., Heider, K., ... & Scherer, K. (1987). Universals and cultural differences in the judgments of facial expressions of emotion. *Journal of Personality and Social Psychology, 53,* 712-717.

Eisenberg, D. T. A., Campbell, B., Gray, P. B., & Sorenson, M. D. (2008). Dopamine receptor genetic polymorphisms and body composition in undernourished pastoralists: An exploration of nutrition indices among nomadic and recently settled Ariaal men of northern Kenya. *BMC Evolutionary Biology, 8,* 173.

Eisenberg, D. T. A., & Hayes, M. G. (2011). Testing the null hypothesis: Comments on 'Culture-gene coevolution of individualism-collectivism and the serotonin transporter gene'. *Proceedings of the Royal Society B, 278,* 329-332.

Eisenberger, N. I., Lieberman, M. D., & Williams, K. D. (2003). Does rejection hurt? An fMRI study of social exclusion. *Science, 302,* 290–292.

Elfenbein, H. A., & Ambady, N. (2002). On the Universality and Cultural Specificity of Emotion Recognition: A Meta-Analysis, *Psychological Bulletin,* 128, 203-235.

Fang, X., van Kleef, G. A., Kawakami, K., & Sauter, D. A. (2021). Cultural differences in perceiving transitions in emotional facial expressions: Easterners show greater contrast effects than westerners. *Journal of Experimental Social Psychology, 95,* 104143.

Festinger, L. (1954). A theory of social comparison processes. *Human Relations, 7,* 117-140.

Festinger, L. (1957). A theory of cognitive dissonance. Evanston, IL: Row, Peterson.

Fincher, C. L., Thornhill, R., Murray, D. R., & Schaller, M. (2008). Pathogen prevalence predicts human cross-cultural variability in individualism/collectivism. *Proceedings of the Royal Society B, 275*, 1279-1285.

Fischer, R. (2013). Gene-environment interactions are associated with endorsement of social hierarchy values and beliefs across cultures. *Journal of Cross-Cultural Psychology, 44*, 1107-1121.

Fischer, R., & Karl, J. A. (2019). A primer to (cross-cultural) multi-group invariance testing possibilities in R. *Frontiers in Psychology, 10*, 1507.

Gehring, W. J., Goss, B., Coles, M. G. H., Meyer, D. E., & Donchin, E. (1993). A neural system for error detection and compensation. *Psychological Science, 4*, 385-390.

Gelernter, J., Kranzler, H., & Cubells, J. F. (1997). Serotonin transporter protein (SLC6A4) allele and haplotype frequencies and linkage disequilibria in African- and European-American and Japanese populations and in alcohol-dependent subjects. *Human Genetics, 101*, 243-246.

Gelfand, M. J., Raver, J. L., Nishii, L., Leslie, L. M., Lun, J., Lim, B. C., Duan, L., Almaliach, A., Ang, S., Arnadottir, J., Aycan, Z., Boehnke, K., Boski, P., Cabecinhas, R., Chan, D., Chhokar, J., D'Amato, A., Ferrer, M., Fischlmayr, I. C., ... Yamaguchi, S. (2011). Differences between tight and loose cultures: A 33-nation study. *Science, 332*, 1100-1104.

Gilbert, D. T., & Malone, P. S. (1995). The correspondence bias. *Psychological Bulletin, 117*, 21-38.

Gilovich, T., Medvec, V. H., & Savitsky, K. (2000). The spotlight effect in social judgment: an egocentric bias in estimates of the salience of one's own actions and appearance. *Journal of Personality and Social Psychology, 78*, 211-222.

Greenfield, P. M. (2013). The changing psychology of culture from 1800 through 2000. *Psychological Science, 24*, 1722-1731.

Grossmann, I., & Varnum, M. E. (2015). Social structure, infectious diseases, disasters, secularism, and cultural change in America. *Psychological Science, 26*, 311-324.

Gutchess, A., & Rajaram, S. (2023). Consideration of culture in cognition: How we can enrich methodology and theory. *Psychonomic Bulletin & Review, 30*, 914-931.

Gutchess, A. H., Welsh, R. C., Boduroglu, A., & Park, D. C. (2006). Cultural differences in neural function associated with object processing. *Cognitive, Affective, & Behavioral Neuroscience, 6*, 102-109.

Hajcak, G., McDonald, N., & Simons, R. F. (2003). Anxiety and error-related brain activity. *Biological Psychology, 64*, 77-90.

Hamamura, T. (2012). Are cultures becoming individualistic? A cross-temporal comparison of individualism–collectivism in the United States and Japan. *Personality and Social Psychology Review, 16*, 3-24.

Hamamura, T., Meijer, Z., Heine, S. J., Kamaya, K., & Hori, I. (2009). Approach-Avoidance motivation and information processing: A cross-cultural analysis. *Personality and Social Psychology Bulletin, 35*, 454-462.

Hamamura, T., Xu, Q., & Du, Y. (2013). Culture, social class, and independence–interdependence: The case of Chinese adolescents. *International Journal of Psychology, 48*, 344-351.

Hampton, R. S., Kwon, J. Y., & Varnum, M. E. (2021). Variations in the regulation of affective neural responses across three cultures. *Emotion, 21*, 283-296.

Hampton, R. S., & Varnum, M. E. (2018). Do cultures vary in self-enhancement? ERP, behavioral, and self-report evidence. *Social Neuroscience, 13*, 566-578.

Han, S., Mao, L., Qin, J., Friederici, A. D., & Ge, J. (2011). Functional roles and cultural modulations of the medial prefrontal and parietal activity associated with causal attribution. *Neuropsychologia, 49*, 83-91.

Harden, K. P. (2021). *The genetic lottery: Why DNA matters for social equality*. Princeton University Press. 青木薫（訳）(2023). *遺伝と平等*. 新潮社.

Hariri, A. R., Mattay, V. S., Tessitore, A., Kolachana, B., Fera, F., Goldman, D., Egan, M. F., & Weinberger, D. R. (2002). Serotonin

transporter genetic variation and the response of the human amygdala. *Science, 297,* 400-403.

Hedden, T., Ketay, S., Aron, A. Markus, H. R., & Gabrieli, J. D. E. (2008). Cultural influences on neural substrates of attentional control. *Psychological Science, 19,* 12-16.

Heine, S. J., Kitayama, S., Lehman, D. R., Takata, T., Ide, E., Leung, C., & Matsumoto, H. (2001). Divergent consequences of success and failure in Japan and North America: An investigation of self-improving motivations and malleable selves. *Journal of Personality and Social Psychology, 81,* 599-615.

Heine, S. J., & Lehman, D. R. (1997). Culture, dissonance, and self-affirmation. *Personality and Social Psychology Bulletin, 23,* 389-400.

Heine, S. J., Lehman, D. R., Peng, K., & Greenholtz, J. (2002). What's wrong with cross-cultural comparisons of subjective Likert scales?: The reference-group effect. *Journal of Personality and Social Psychology, 82,* 903-918.

Henrich, J. (2016). *The secret of our success: How culture is driving human evolution, domesticating our species, and making us smarter.* Princeton University Press. 今西康子（訳）(2019). *文化がヒトを進化させた—人類の繁栄と〈文化-遺伝子革命〉*. 白揚社.

Henrich, J. (2020). *The WEIRDest People in the World: How the West became psychologically peculiar and particularly prosperous.* Farrar, Straus and Giroux. 今西康子（訳）(2023). *WEIRD（ウィアード）「現代人」の奇妙な心理*. 白揚社.

Henrich, J., Heine, S. J., & Norenzayan, A. (2010). The weirdest people in the world? *Behavioral and Brain Sciences, 33,* 61-135.

Higgins, E. T. (1998). Promotion and prevention: Regulatory focus as a motivational principle. *Advances in Experimental Social Psychology, 30,* 1-46.

Hitokoto, H., Glazer, J., & Kitayama, S. (2016). Cultural shaping of neural responses: Feedback - related potentials vary with self - construal and face priming. *Psychophysiology, 53,* 52-63.

Horita, Y., & Takezawa, M. (2018). Cultural differences in strength of conformity explained through pathogen stress: a statistical test using hierarchical Bayesian estimation. *Frontiers in Psychology, 9,*

1921.

池田謙一 (2016). *日本人の考え方, 世界の人の考え方：世界価値観調査から見えるもの*. 勁草書房.

Ikeda, S. (2020). Social anxiety enhances sensitivity to negative transition and eye region of facial expression. *Personality and Individual Differences, 163*, 110096.

Inglehart, R. F. (2018). *Cultural evolution: People's motivations are changing, and reshaping the world*. Cambridge University Press.

Inglehart, R., & Klingemann, H. (2000). Genes, culture, democracy, and happiness. In E. Diener & E. M. Suh (Eds.), *Culture and subjective well-being* (pp. 165–183). Cambridge, London: MIT Press.

石井敬子 (2014). 文化神経科学. 山岸俊男 (編) *文化を実験する：社会行動の文化・制度的基盤 (シリーズフロンティア実験社会科学第 7 巻)* (pp. 35-62). 勁草書房.

Ishii, K., & Eisen, C. (2020). Socioeconomic status and cultural difference. *Oxford Research Encyclopedia of Psychology*.

Ishii, K., Kim, H. S., Sasaki, J. Y., Shinada, M., & Kusumi, I. (2014). Culture modulates sensitivity to the disappearance of facial expressions associated with serotonin transporter polymorphism (5-HTTLPR). *Culture and Brain, 2*, 72-88.

Ishii, K., Kobayashi, Y., & Kitayama, S. (2010). Interdependence modulates the brain response to word–voice incongruity. *Social Cognitive and Affective Neuroscience, 5*, 307-317.

Ishii, K., Komiya, A., & Oishi, S. (2020). Residential mobility fosters sensitivity to the disappearance of happiness. *International Journal of Psychology, 55*, 577-584.

Ishii, K., Masuda, T., Matsunaga, M., Noguchi, Y., Yamasue, H., & Ohtsubo, Y. (2021a). A reexamination of the effects of culture and dopamine D4 receptor gene interaction on social orientation. *Psychologia, 63*, 137-150.

Ishii, K., Masuda, T., Matsunaga, M., Noguchi, Y., Yamasue, H., & Ohtsubo, Y. (2021b). Do culture and oxytocin receptor polymorphisms interact to influence emotional expressivity? *Culture and Brain. 9*, 20-34.

石井敬子・松永昌宏・増田貴彦・野口泰基・山末英典・大坪庸介 (2023).

*オキシトシン受容体（OXTR）遺伝子多型、規範の強さ、道徳基盤との関連*. 日本社会心理学会第 63 回大会（上智大学）.

Ishii, K., Miyamoto, Y., Mayama, K., & Niedenthal, P. M. (2011). When your smile fades away: Cultural differences in sensitivity to the disappearance of smiles. *Social Psychological and Personality Science, 2,* 516-522.

Ishii, K., Miyamoto, Y., Rule, N. O., & Toriyama, R. (2014). Physical objects as vehicles of cultural transmission: Maintaining harmony and uniqueness through colored geometric patterns. *Personality and Social Psychology Bulletin, 40,* 175-188

Ishii, K., Nogawa, S., Takahashi, S., Matsunaga, M., Noguchi, Y., Yamasue, H., & Ohtsubo, Y. (2024). *A genome-wide association study for subjective well-being in Japanese populations.* Poster presented at the 2024 meeting of Society for Social Neuroscience, Tsukuba.

Ishii, K., Reyes, J. A., & Kitayama, S. (2003). Spontaneous attention to word content versus emotional tone: Differences among three cultures. *Psychological Science, 14,* 39-46.

Ivancovsky, T., Kleinmintz, O., Lee, J., Kurman, J., & Shamay - Tsoory, S. G. (2018). The neural underpinnings of cross - cultural differences in creativity. *Human Brain Mapping, 39,* 4493-4508.

Jack, R. E., Garrod, O. G., Yu, H., Caldara, R., & Schyns, P. G. (2012). Facial expressions of emotion are not culturally universal. *Proceedings of the National Academy of Sciences, 109,* 7241-7244.

Ji, L. J., Guo, T., Zhang, Z., & Messervey, D. (2009). Looking into the past: cultural differences in perception and representation of past information. *Journal of Personality and Social Psychology, 96,* 761-769.

Ji, L. J., Nisbett, R. E., & Su, Y. (2001). Culture, change, and prediction. *Psychological Science, 12,* 450-456.

Ji, L. J., Zhang, Z., & Nisbett, R. E. (2004). Is it culture or is it language? Examination of language effects in cross-cultural research on categorization. *Journal of Personality and Social Psychology, 87,* 57-65.

Jones, E. E., & Harris, V. A. (1967). The attribution of attitudes. *Journal of Experimental Social Psychology, 3,* 1-24.

Kashima, Y., Kokubo, T., Kashima, E. S., Boxall, D., Yamaguchi, S., & Macrae, K. (2004). Culture and self: Are there within-culture differences in self between metropolitan areas and regional cities?. *Personality and Social Psychology Bulletin, 30,* 816-823.

Kelley, W. M., Macrae, C. N., Wyland, C. L., Caglar, S., Inati, S., & Heatherton, T. F. (2002). Finding the self? An event-related fMRI study. *Journal of Cognitive Neuroscience, 14,* 785-794.

Kim, H., & Markus, H. R. (1999). Deviance or uniqueness, harmony or conformity? A cultural analysis. *Journal of Personality and Social Psychology, 77,* 785-800.

Kim, H. S., & Sasaki, J. Y. (2014). Cultural neuroscience: Biology of the mind in cultural contexts. *Annual Review of Psychology, 65,* 487-514.

Kim, H. S., Sherman, D. K., Mojaverian, T., Sasaki, J. Y., Park, J., Suh, E. M., & Taylor, S. E. (2011). Gene–culture interaction: Oxytocin receptor polymorphism (OXTR) and emotion regulation. *Social Psychological and Personality Science, 2,* 665-672.

Kim, H. S., Sherman, D. K., Sasaki, J. Y., Xu, J., Chu, T. Q., Ryu, C., Suh, E. M., Graham, K., & Taylor, S. E. (2010). Culture, distress, and oxytocin receptor polymorphism (OXTR) interact to influence emotional support seeking. *Proceedings of the National Academy of Sciences, 107,* 15717-15721.

Kim, S., Kim, K., Hwang, M. Y., Ko, H., Jung, S. H., Shim, I., Cha, S., Lee, H., Kim, B., Yoon, J., Ha, T. H., Kim, D. K., Kim, J., Park, W. Y., Okbay, A., Kim, B. J., Kim, Y. J., Myung, W., & Won, H. H. (2022). Shared genetic architectures of subjective well-being in East Asian and European ancestry populations. *Nature Human Behaviour, 6,* 1014-1026.

北山 忍 (1998). *自己と感情：文化心理学による問いかけ*. 共立出版.

Kitayama, S. (2002). Culture and basic psychological processes--Toward a system view of culture: Comment on Oyserman et al. (2002). *Psychological Bulletin, 128,* 89-96.

Kitayama, S. (1996). Remembrance of emotional speech: Improvement and impairment of incidental verbal memory by emotional voice. *Journal of Experimental Social Psychology, 32,* 289-308.

Kitayama, S., & Cohen, D. (Eds.). (2007). *Handbook of cultural*

*psychology*. New York: Guilford Press.

Kitayama, S., Duffy, S., Kawamura, T., & Larsen, J. (2003). Perceiving an object and its context in different cultures: A cultural look at New Look. *Psychological Science, 14*, 201-206.

Kitayama, S., & Howard, S. (1994). Affective regulation of perception and comprehension. In P. M. Niedenthal & S. Kitayama (Eds.), *The heart's eye: Emotional influences in perception and attention* (pp. 41–65). New York: Academic Press.

Kitayama, S., & Ishii, K. (2002). Word and voice: Spontaneous attention to emotional utterances in two languages. *Cognition & Emotion, 16*, 29-59.

Kitayama, S., Ishii, K., Imada, T., Takemura, K., & Ramaswamy, J. (2006). Voluntary settlement and the spirit of independence: Evidence from Japan's "Northern frontier". *Journal of Personality and Social Psychology, 91*, 369-384.

Kitayama, S., King, A., Hsu, M., Liberzon, I., & Yoon, C. (2016). Dopamine-system genes and cultural acquisition: The norm sensitivity hypothesis. *Current Opinion in Psychology, 8*, 167-174.

Kitayama, S., King, A., Yoon, C., Tompson, S., Huff, S., & Liberzon, I. (2014). The dopamine D4 receptor gene (DRD4) moderates cultural difference in independent versus interdependent social orientation. *Psychological Science, 25*, 1169-1177.

Kitayama, S., Park, H., Sevincer, A. T., Karasawa, M., & Uskul, A. K. (2009). A cultural task analysis of implicit independence: Comparing North America, Western Europe, and East Asia. *Journal of Personality and Social Psychology, 97*, 236-255.

Kitayama, S., & Salvador, C. E. (2024). Cultural psychology: Beyond east and west. *Annual Review of Psychology, 75*, 495-526.

Kitayama, S., Snibbe, A. C., Markus, H. R., & Suzuki, T. (2004). Is there any "free" choice? Self and dissonance in two cultures. *Psychological Science, 15*, 527-533.

Kitayama, S., & Uskul, A. K. (2011). Culture, mind, and the brain: Current evidence and future directions. *Annual Review of Psychology, 62*, 419-449.

Kitayama, S., Yanagisawa, K., Ito, A., Ueda, R., Uchida, Y., & Abe, N.

(2017). Reduced orbitofrontal cortical volume is associated with interdependent self-construal. *Proceedings of the National Academy of Sciences, 114*, 7969-7974.

Kitayama, S., Yu, Q., King, A. P., Yoon, C., & Liberzon, I. (2020). The gray matter volume of the temporoparietal junction varies across cultures: A moderating role of the dopamine D4 receptor gene (DRD4). *Social Cognitive and Affective Neuroscience, 15*, 193-202.

Kraus, B., Liew, K., Kitayama, S., & Uchida, Y. (2024). The impact of culture on emotion suppression: Insights from an electrophysiological study of emotion regulation in Japan. *Biological Psychology, 187*, 108767.

Kraus, B., & Kitayama, S. (2019). Interdependent self-construal predicts emotion suppression in Asian Americans: An electro-cortical investigation. *Biological Psychology, 146*, 107733.

Kraus, M. W., Piff, P. K., & Keltner, D. (2009). Social class, sense of control, and social explanation. *Journal of Personality and Social Psychology, 97*, 992-1004

Kuhnen, C. M., & Chiao, J. Y. (2009). Genetic determinants of financial risk taking. *PLoS ONE, 4*, e4362.

Kutas, M., & Hillyard, S. A. (1980). Reading senseless sentences: Brain potentials reflect semantic incongruity. Science, *207*, 203-205.

Lachmann, B., Doebler, A., Sindermann, C., Sariyska, R., Cooper, A., Haas, H., & Montag, C. (2021). The molecular genetics of life satisfaction: Extending findings from a recent genome-wide association study and examining the role of the serotonin transporter. *Journal of Happiness Studies, 22*, 305-322.

Laland, K. N. (2017). *Darwin's unfinished symphony: How culture made the human mind*. Princeton University Press. 豊川航（訳）(2023). *人間性の進化的起源*. 勁草書房.

Laplana, M., Royo, J. L., García, L. F., Aluja, A., Gomez - Skarmeta, J. L., & Fibla, J. (2014). SIRPB1 copy - number polymorphism as candidate quantitative trait locus for impulsive - disinhibited personality. *Genes, Brain and Behavior, 13*, 653-662.

Lee, J. J., Wedow, R., Okbay, A., Kong, E., Maghzian, O., Zacher, M., Nguyen-Viet, T. A., Bowers, P., Sidorenko, J., Linner, R. K., Fontana,

M. A., Kundu, T., Lee, C., Li, H., Li, R., Royer, R., Timshel, P. N., Walters, R. K., Wiloughby, E. A., ... Cesarini, D. (2018). Gene discovery and polygenic prediction from a genome-wide association study of educational attainment in 1.1 million individuals. *Nature Genetics, 50,* 1112-1121.

Lee, M., Lindo, J., & Rilling, J. K. (2021). Exploring gene - culture coevolution in humans by inferring neuroendophenotypes: A case study of the oxytocin receptor gene and cultural tightness. *Genes, Brain and Behavior,* e12783.

Lesch, K. P., Bengel, D., Heils, A., Sabol, S. Z., Greenberg, B. D., Petri, S., Benjamin, J., Muller, C. R., Hamer, D. H., & Murphy, D. L. (1996). Association of anxiety-related traits with a polymorphism in the serotonin transporter gene regulatory region. *Science, 274,* 1527-1531.

Levenson, R. W., Ekman, P., Heider, K., & Friesen, W. V. (1992). Emotion and autonomic nervous system activity in the Minangkabau of West Sumatra. *Journal of Personality and Social Psychology, 62,* 972-988.

Liu, P., Rigoulot, S., & Pell, M. D. (2015). Culture modulates the brain response to human expressions of emotion: Electrophysiological evidence. *Neuropsychologia, 67,* 1-13.

Ma, Y., Bang, D., Wang, C., Allen, M., Frith, C., Roepstorff, A., & Han, S. (2014). Sociocultural patterning of neural activity during self-reflection. *Social Cognitive and Affective Neuroscience, 9,* 73-80.

Mace, R., & Pagel, M., (1994). The comparative method in anthropology. *Current Anthropology, 35,* 549-564.

Maguire, E. A., Gadian, D. G., Johnsrude, I. S., Good, C. D., Ashburner, J., Frackowiak, R. S., & Frith, C. D. (2000). Navigation-related structural change in the hippocampi of taxi drivers. *Proceedings of the National Academy of Sciences, 97,* 4398-4403.

Marchini, J., Cardon, L. R., Phillips, M. S., & Donnelly, P. (2004). The effects of human population structure on large genetic association studies. *Nature Genetics, 36,* 512-517.

Markus, H. R., & Kitayama, S. (1991). Culture and the self: Implications for cognition, emotion, and motivation. *Psychological Review, 98,* 224-253.

Martin, A. R., Gignoux, C. R., Walters, R. K., Wojcik, G. L., Neale, B. M., Gravel, S., Daly, M. J., Bustamante, C. D., & Kenny, E. E. (2017). Human demographic history impacts genetic risk prediction across diverse populations. *The American Journal of Human Genetics, 100*, 635-649.

Masuda, T., Ellsworth, P. C., Mesquita, B., Leu, J., Tanida, S., & Veerdonk, E. V. (2008). Placing the face in context: Cultural differences in the perception of facial emotion. *Journal of Personality and Social Psychology, 94*, 365-381.

Masuda, T., & Kitayama, S. (2004). Perceived-induced constraint and attitude attribution in Japan and in the US: A case for cultural dependence of the correspondence bias. *Journal of Experimental Social Psychology, 40*, 409-416.

Masuda, T., & Nisbett, R. E. (2001). Attending holistically versus analytically: Comparing the context sensitivity of Japanese and Americans. *Journal of Personality and Social Psychology, 81*, 922-934.

Masuda, T., & Nisbett, R. E. (2006). Culture and change blindness. *Cognitive Science, 30*, 381-399.

増田貴彦・山岸俊男 (2010). *文化心理学*. 培風館.

Matsunaga, M., Masuda, T., Ishii, K., Ohtsubo, Y., Noguchi, Y., Ochi, M., & Yamasue, H. (2018). Culture and cannabinoid receptor gene polymorphism interact to influence the perception of happiness. *PLoS ONE, 13*, e0209552.

Matsunaga, M., Ohtsubo, Y., Masuda, T., Noguchi, Y., Yamasue, H., & Ishii, K. (2021). A genetic variation in the Y chromosome among Japanese males is related to several physiological and psychological characteristics. *Frontiers in Behavioral Neuroscience, 15*, 774879.

Mauss, I. B., & Butler, E. A. (2010). Cultural context moderates the relationship between emotion control values and cardiovascular challenge versus threat responses. *Biological Psychology, 84*, 521–530.

Miller, J. G. (1984). Culture and the development of everyday social explanation. *Journal of Personality and Social Psychology, 46*, 961-978.

Miller, J. G., & Kinsbourne, M. (2012). Culture and neuroscience in developmental psychology: Contributions and challenges. *Child Development Perspectives, 6*, 35-41.

Mills, M. C., & Rahal, C. (2020). The GWAS Diversity Monitor tracks diversity by disease in real time. *Nature Genetics, 52*, 242-243.

Minkov, M., Blagoev, V., & Bond, M. H. (2015). Improving research in the emerging field of cross-cultural sociogenetics: The case of serotonin. *Journal of Cross-Cultural Psychology, 46*, 336-354.

箕浦康子 (1979). 心理人類学と異文化間心理学. *心理学評論, 22*, 332-347.

箕浦康子 (1984). 文化とパーソナリティ論 (心理人類学). 綾部恒雄 (編), *文化人類学 15 の理論*. 中央公論社.

Miyamoto, Y., & Kitayama, S. (2002). Cultural variation in correspondence bias: The critical role of attitude diagnosticity of socially constrained behavior. *Journal of Personality and Social Psychology, 83*, 1239-1248.

Miyamoto, Y., & Ma, X. (2011). Dampening or savoring positive emotions: a dialectical cultural script guides emotion regulation. *Emotion, 11*, 1346-1357.

Miyamoto, Y., Nisbett, R. E., & Masuda, T. (2006). Culture and the physical environment: Holistic versus analytic perceptual affordances. *Psychological Science, 17*, 113-119.

Miyamoto, Y., & Wilken, B. (2010). Culturally contingent situated cognition: Influencing other people fosters analytic perception in the United States but not in Japan. *Psychological Science, 21*, 1616-1622.

Miyamoto, Y., Yoo, J., Levine, C. S., Park, J., Boylan, J. M., Sims, T., Markus, H. R., Kitayama, S., Kawakami, N., Karasawa, M., Coe, C. L., Love, G. D., & Ryff, C. D. (2018). Culture and social hierarchy: Self- and other-oriented correlates of socioeconomic status across cultures. *Journal of Personality and Social Psychology, 115*, 427-445.

Monroe, S. M., & Simons, A. D. (1991). Diathesis-stress theories in the context of life stress research: implications for the depressive disorders. *Psychological Bulletin, 110*, 406-425.

Montag, C., Ebstein, R. P., Jawinski, P., & Markett, S. (2020). Molecular genetics in psychology and personality neuroscience: On candidate

genes, genome wide scans, and new research strategies. *Neuroscience & Biobehavioral Reviews, 118,* 163-174.

Mori, Y., Noguchi, Y., Tanaka, A., & Ishii, K. (2022). Neural responses to facial and vocal displays of emotion in Japanese people. *Culture and Brain, 10,* 43-55.

Moriguchi, Y., & Shinohara, I. (2018). Effect of the COMT Val158Met genotype on lateral prefrontal activations in young children. *Developmental Science, 21,* e12649.

Morris, M. W., & Peng, K. (1994). Culture and cause: American and Chinese attributions for social and physical events. *Journal of Personality and Social psychology, 67,* 949-971.

Mrazek, A. J., Chiao, J. Y., Blizinsky, K. D., Lun, J., & Gelfand, M. J. (2013). The role of culture-gene coevolution in morality judgment: Examining the interplay between tightness-looseness and allelic variation of the serotonin transporter gene. *Culture and Brain, 1,* 100-117.

Munafò, M. R., Durrant, C., Lewis, G., & Flint, J. (2009). Gene × environment interactions at the serotonin transporter locus. *Biological Psychiatry, 65,* 211-219.

Murata, A., Moser, J. S., & Kitayama, S. (2013). Culture shapes electrocortical responses during emotion suppression. *Social Cognitive and Affective Neuroscience, 8,* 595-601

Na, J., Grossman, I., Varnum, M. E. W., Kitayama, S., Gonzalez, R., & Nisbett, R. E. (2010). Cultural differences are not always reducible to individual differences. *Proceedings of the National Academy of Sciences of the United States of America, 107,* 6192-6197.

Na, J., Kim, S., Oh, H., Choi, I., & O'Toole, A. (2015). Competence judgments based on facial appearance are better predictors of American elections than of Korean elections. *Psychological Science, 26,* 1107-1113.

Na, J., & Kitayama, S. (2011). Spontaneous trait inference is culture-specific: Behavioral neural evidence. *Psychological Science, 22,* 1025-1032.

Nikolova, Y. S., Ferrell, R. E., Manuck, S. B., & Hariri, A. R. (2011). Multilocus genetic profile for dopamine signaling predicts ventral

striatum reactivity. *Neuropsychopharmacology, 36,* 1940-1947.

Nisbett, R. E. & Cohen, D. (1996) Culture of honor: The psychology of violence in the South. Boulder, CO: Westview Press. 石井敬子・結城雅樹（編訳）(2009). *名誉と暴力：アメリカ南部の文化と心理*. 北大路書房.

Nisbett, R. E., Peng, K., Choi, I., & Norenzayan, A. (2001). Culture and systems of thought: Holistic vs. analytic cognition. *Psychological Review, 108,* 291-310.

Odling-Smee, F. J. (1988). Niche constructing phenotypes. In H. C. Plotkin (Ed.), *The Role of behaviour in evolution* (pp. 73-132). MIT Press.

Ohtsubo, Y., Matsunaga, M., Masuda, T., Noguchi, Y., Yamasue, H., & Ishii, K. (2022). Test of the serotonin transporter gene × early life stress interaction effect on subjective well-being and loneliness among Japanese young adults. *Japanese Psychological Research, 64,* 193-204.

Oishi, S., & Kesebir, S. (2015). Income inequality explains why economic growth does not always translate to an increase in happiness. *Psychological Science, 26,* 1630-1638.

Oishi, S., Lun, J., & Sherman, G. D. (2007). Residential mobility, self-concept, and positive affect in social interactions. *Journal of Personality and Social Psychology, 93,* 131–141.

Oishi, S., Miao, F. F., Koo, M., Kisling, J., & Ratliff, K. A. (2012). Residential mobility breeds familiarity-seeking. *Journal of Personality and Social Psychology, 102,* 149-162.

Okbay, A., Baselmans, B. M., De Neve, J. E., Turley, P., Nivard, M. G., Fontana, M. A., Meddens, S. F. W., Linner, R. K., Rietveld, C. A., Derringer, J., Gratten, J., Lee, J. J., Liu, J. Z., de Vlaming, R., Ahluwalia, T. S., Buchwald, J., Cavadino, A., Frazier-Wood, A. C., Furlotte, N. A., ... Rich, S. S. (2016). Genetic variants associated with subjective well-being, depressive symptoms, and neuroticism identified through genome-wide analyses. *Nature Genetics, 48,* 624-633.

Okbay, A., Beauchamp, J. P., Fontana, M. A., Lee, J. J., Pers, T. H., Rietveld, C. A., Turley, P., Chen, G., Meddens, S. F. W., Oskarsson, S.,

Pickrell, J. K., Thom, K., Timshel, P., de Vlaming, R., Abdellaoui, A., Ahluwalia, T. S., Bacelis, J., Baumbach, C., ... Rustichini, A. (2016). Genome-wide association study identifies 74 loci associated with educational attainment. *Nature, 533* (7604), 539-542.

Okbay, A., Wu, Y., Wang, N., Jayashankar, H., Bennett, M., Nehzati, S. M., Sidorenko, J., Kweon, H., Goldman, G., Gjorgjieva, T., Jiang, Y., Hicks, B., Tian, C., Hinds, D. A., Ahlskog, R., Magnusson, P. K. E., Oskarsson, S., Hayward, C., Campbell, A., ... Young, A. I. (2022). Polygenic prediction of educational attainment within and between families from genome-wide association analyses in 3 million individuals. *Nature Genetics, 54*, 437-449.

Osei-Tutu, A., Salvador, C., Thalmayer, A. G., Ishii, K., Wang, E., Naudé, L., Suo, T., Shino, E. N., Rossmaier, A., Asatsa, S., Thomas, C., & Kitayama, S. (2024). *Understanding self-promotive interdependence: An exploration in sub-Saharan Africa.* Unpublished manuscript.

Panksepp, J., Vilberg, T., Bean, N. J., Coy, D. H., & Kastin, A. J. (1978). Reduction of distress vocalization in chicks by opiate-like peptides. *Brain Research Bulletin, 3*, 663–667.

Park, J., & Kitayama, S. (2014). Interdependent selves show face-induced facilitation of error processing: Cultural neuroscience of self-threat. *Social Cognitive and Affective Neuroscience, 9*, 201-208.

Park, J., Kitayama, S., Markus, H. R., Coe, C. L., Miyamoto, Y., Karasawa, M., Curhan, K. B., Love, G. D., Kawakami, N., Boylan, J. M., & Ryff, C. D. (2013). Social status and anger expression: The cultural moderation hypothesis. *Emotion, 13*, 1122-1131.

Peng, K., Nisbett, R. E., & Wong, N. Y. (1997). Validity problems comparing values across cultures and possible solutions. *Psychological Methods, 2*, 329-344.

Polderman, T. J., Benyamin, B., De Leeuw, C. A., Sullivan, P. F., Van Bochoven, A., Visscher, P. M., & Posthuma, D. (2015). Meta-analysis of the heritability of human traits based on fifty years of twin studies. *Nature Genetics, 47*, 702-709.

Pornpattananangkul, N., Hariri, A. R., Harada, T., Mano, Y., Komeda, H., Parrish, T. B., Sadato, N., Iidaka, T., & Chiao, J. Y. (2016). Cultural influences on neural basis of inhibitory control. *NeuroImage, 139,*

114-126.

Purzycki, B. G., Apicella, C., Atkinson, Q. D., Cohen, E., McNamara, R. A., Willard, A. K., Xygalatas, D., Norenzayan, A., & Henrich, J. (2016). Moralistic gods, supernatural punishment and the expansion of human sociality. *Nature, 530,* 327-330.

Richerson, P. J., & Boyd, R. (2005). *Not by genes alone: How culture transformed human evolution.* The University of Chicago Press.

Rietveld, C. A., Medland, S. E., Derringer, J., Yang, J., Esko, T., Martin, N. W., Westra, H., Shakhbazov, K., Abdellaoui, A., Agrawal, A., Albrecht, E., Alizadeh, B. Z., Amin, N., Barnard, J., Baumeister, S. E., Benke, K. S., Bielak, L. F., Boatman, J. A., Boyle, P. A., ... Preisig, M. (2013). GWAS of 126,559 individuals identifies genetic variants associated with educational attainment. *Science, 340,* 1467-1471.

Risch, N., Herrell, R., Lehner, T., Liang, K. Y., Eaves, L., Hoh, J., Griem, A., Kovacs, M., Ott, J., & Merikangas, K. R. (2009). Interaction between the serotonin transporter gene (5-HTTLPR), stressful life events, and risk of depression: a meta-analysis. *JAMA, 301,* 2462-2471.

Rodrigues, S. M., Saslow, L. R., Garcia, N., John, O., & Keltner, D. (2009). Oxytocin receptor genetic variation relates to empathy and stress reactivity in humans. *Proceedings of the National Academy of Sciences, 106,* 21437-21441.

Royo, J. L., Valls, J., Acemel, R. D., Gómez-Marin, C., Pascual-Pons, M., Lupiañez, A., Gomez-Skarmeta, J. L., & Fibla, J. (2018). A common copy-number variant within SIRPB1 correlates with human Out-of-Africa migration after genetic drift correction. *PLoS ONE, 13,* e0193614.

Rule, N. O., Ambady, N., Adams Jr, R. B., Ozono, H., Nakashima, S., Yoshikawa, S., & Watabe, M. (2010). Polling the face: prediction and consensus across cultures. *Journal of Personality and Social Psychology, 98,* 1-15.

Rule, N. O., Ishii, K., & Ambady, N. (2011). Cross-cultural impressions of leaders' faces: Accuracy and consensus. *International Journal of Intercultural Relations, 35,* 833-841.

Russell, M. J., Masuda, T., Hioki, K., & Singhal, A. (2015). Culture and social judgments: The importance of culture in Japanese and

European Canadians' N400 and LPC processing of face lineup emotion judgments. *Culture and Brain, 3*, 131-147.

Saito, T., Motoki, K., & Takano, Y. (2023). Cultural differences in recognizing emotions of masked faces. *Emotion, 23*, 1648-1657.

Salvador, C. E., Berg, M. K., Yu, Q., San Martin, A., & Kitayama, S. (2020). Relational mobility predicts faster spread of COVID-19: A 39-country study. *Psychological Science, 31*, 1236-1244.

Salvador, C. E., Idrovo Carlier, S., Ishii, K., Torres Castillo, C., Nanakdewa, K., San Martin, A., Savani, K., & Kitayama, S. (2024). Emotionally expressive interdependence in Latin America: Triangulating through a comparison of three cultural zones. *Emotion, 24*, 820-835.

San Martin, A., Schug, J., & Maddux, W. W. (2019). Relational mobility and cultural differences in analytic and holistic thinking. *Journal of Personality and Social Psychology, 116*, 495-518.

San Martin, A., Sinaceur, M., Madi, A., Tompson, S., Maddux, W. W., & Kitayama, S. (2018). Self-assertive interdependence in Arab culture. *Nature Human Behaviour, 2*, 830-837.

Saphire-Bernstein, S., Way, B. M., Kim, H. S., Sherman, D. K., & Taylor, S. E. (2011). Oxytocin receptor gene (OXTR) is related to psychological resources. *Proceedings of the National Academy of Sciences, 108*, 15118-15122.

Sato, D. X., & Kawata, M. (2018). Positive and balancing selection on SLC18A1 gene associated with psychiatric disorders and human-unique personality traits. *Evolution letters, 2*, 499-510.

Saxe, R., & Kanwisher, N. (2003). People thinking about thinking people: The role of the temporo-parietal junction in "theory of mind". *NeuroImage, 19*, 1835-1842

Schirmbeck, K., Rao, N., & Maehler, C. (2020). Similarities and differences across countries in the development of executive functions in children: A systematic review. *Infant and Child Development, 29*, e2164.

Schirmer, A., & Kotz, S. A. (2003). ERP evidence for a gender-specific Stroop effect in emotional speech. *Journal of Cognitive Neuroscience, 15*, 1135-1148.

Schulz, J. F., Bahrami-Rad, D., Beauchamp, J. P., & Henrich, J. (2019). The Church, intensive kinship, and global psychological variation. *Science*, *366*, eaau5141.

Senzaki, S., Pott, U., Shinohara, I., & Moriguchi, Y. (2021). Roles of culture and COMT Val58Met gene on neural basis of executive function: A comparison between Japanese and American children. *Developmental Psychobiology*, *63*, 1053-1060.

Shikishima, C., Hiraishi, K., Yamagata, S., Neiderhiser, J. M., & Ando, J. (2013). Culture moderates the genetic and environmental etiologies of parenting: A cultural behavior genetic approach. *Social Psychological and Personality Science*, *4*, 434-444.

島井哲志・大竹恵子・宇津木成介・池見陽（2004）. 日本版主観的幸福感尺度（Subjective Happiness Scale: SHS）の信頼性と妥当性の検討. *日本公衆衛生雑誌*, *51*, 845-853.

Shimizu, Y., Lee, H., & Uleman, J. S. (2017). Culture as automatic processes for making meaning: Spontaneous trait inferences. *Journal of Experimental Social Psychology*, *69*, 79-85.

Simmons, J. P., Nelson, L. D., & Simonsohn, U. (2011). False-positive psychology: Undisclosed flexibility in data collection and analysis allows presenting anything as significant. *Psychological Science*, *22*, 1359-1366.

Singelis, T. M. (1994). The measurement of independent and interdependent self-construals. *Personality and Social Psychology Bulletin*, *20*, 580–591.

Snibbe, A. C., & Markus, H. R. (2005). You can't always get what you want: educational attainment, agency, and choice. *Journal of Personality and Social Psychology*, *88*, 703-720.

Suh, E., Diener, E., Oishi, S., & Triandis, H. C. (1998). The shifting basis of life satisfaction judgments across cultures: Emotions versus norms. *Journal of Personality and Social Psychology*, *74*, 482-493.

Takano, Y., & Osaka, E. (1999). An unsupported common view: Comparing Japan and the US on individualism/collectivism. *Asian Journal of Social Psychology*, *2*, 311-341.

Talhelm, T., Lee, C. S., English, A. S., & Wang, S. (2023). How rice fights pandemics: Nature–crop–human interactions shaped COVID-19

outcomes. *Personality and Social Psychology Bulletin, 49*, 1567-1586.

Talhelm, T., Zhang, X., Oishi, S., Shimin, C., Duan, D., Lan, X., & Kitayama, S. (2014). Large-scale psychological differences within China explained by rice versus wheat agriculture. *Science, 344* (6184), 603-608.

Tanaka, A., Koizumi, A., Imai, H., Hiramatsu, S., Hiramoto, E., & de Gelder, B. (2010). I feel your voice: Cultural differences in the multisensory perception of emotion. *Psychological Science, 21*, 1259-1262.

Taylor, S. E., Sherman, D. K., Kim, H. S., Jarcho,J., Takagi, K., & Dunagan, M. S. (2004). Culture and social support: Who seeks it and why? *Journal of Personality and Social Psychology, 87*, 354-362.

Taylor, S. E., Way, B. M., Welch, W. T., Hilmert, C. J., Lehman, B. J., & Eisenberger, N. I. (2006). Early family environment, current adversity, the serotonin transporter promoter polymorphism, and depressive symptomatology. *Biological Psychiatry, 60*, 671-676.

Thomson, R., Yuki, M., Talhelm, T., Schug, J., Kito, M., Ayanian, A. H., ... & Visserman, M. L. (2018). Relational mobility predicts social behaviors in 39 countries and is tied to historical farming and threat. *Proceedings of the National Academy of Sciences, 115*, 7521-7526.

Tompson, S. H., Huff, S. T., Yoon, C., King, A., Liberzon, I., & Kitayama, S. (2018). The dopamine D4 receptor gene (DRD4) modulates cultural variation in emotional experience. *Culture and Brain, 6*, 118-129.

Trafimow, D., Triandis, H. C., & Goto, S. G. (1991). Some tests of the distinction between the private self and the collective self. *Journal of Personality and Social Psychology, 60*, 649–655.

Triandis, H. C. (1995). *Individualism and collectivism*. Boulder, CO: Westview Press.

Tsai, J. L., Ang, J. Y. Z., Blevins, E., Goernandt, J., Fung, H. H., Jiang, D., Elliott, J., Kölzer, A., Uchida, Y., Lee, Y.-C., Lin, Y., Zhang, X., Govindama, Y., & Haddouk, L. (2016). Leaders' smiles reflect cultural differences in ideal affect. *Emotion, 16*, 183-195.

Tsai, J. L., Knutson, B., & Fung, H. H. (2006). Cultural variation in affect

valuation. *Journal of Personality and Social Psychology, 90*, 288-307.

Tsai, J. L., Miao, F. F., Seppala, E., Fung, H. H., & Yeung, D. Y. (2007). Influence and adjustment goals: sources of cultural differences in ideal affect. *Journal of Personality and Social Psychology, 92*, 1102-1117.

Uchida, Y., & Kitayama, S. (2009). Happiness and unhappiness in East and West: Themes and variations. *Emotion, 9*, 441-456.

Uchiyama, R., Spicer, R., & Muthukrishna, M. (2022). Cultural evolution of genetic heritability. *Behavioral and Brain Sciences, 45*, e152.

Uskul, A. K., Kirchner-Häusler, A., Vignoles, V. L., Rodríguez-Bailón, R., Castillo, V. A., Cross, S. E., Gezici Yalçın, M., Harb, C., Husnu, S., Ishii, K., Jin, S., Karamouna, P., Kafetsios, K., Kateri, E., Matamaros-Lima, J., Liu, D., Miniesy, R., Na, J., Özkan, Z., ... Uchida, Y. (2023). Neither Eastern nor Western: Patterns of independence and interdependence in Mediterranean societies. *Journal of Personality and Social Psychology, 125*, 471-495.

Uskul, A. K., Kitayama, S., & Nisbett, R. E. (2008). Ecocultural basis of cognition: Farmers and fishermen are more holistic than herders. *Proceedings of the National Academic of Sciences of the Unite States of America, 105*, 8552-8556.

Uskul, A. K., Sherman, D. K., & Fitzgibbon, J. (2009). The cultural congruency effect: Culture, regulatory focus, and the effectiveness of gain-vs. loss-framed health messages. *Journal of Experimental Social Psychology, 45*, 535-541.

Vandello, J. A., Cohen, D. & Ransom, S. (2008). US southern and northern differences in perceptions of norms about aggression mechanisms for the perpetuation of a culture of honor. *Journal of Cross-Cultural Psychology, 39*, 162-177.

van IJzendoorn, M. H., Belsky, J., & Bakermans-Kranenburg, M. J. (2012). Serotonin transporter genotype 5HTTLPR as a marker of differential susceptibility? A meta-analysis of child and adolescent gene-by-environment studies. *Translational Psychiatry, 2*, e147.

Varnum, M. E., Baumard, N., Atari, M., & Gray, K. (2024). Large Language Models based on historical text could offer informative tools for behavioral science. *Proceedings of the National Academy of*

*Sciences, 121*, e2407639121.

Varnum, M. E. W., Na, J., Murata, A., & Kitayama, S. (2012). Social class differences in N400 indicate differences in spontaneous trait inference. *Journal of Experimental Psychology: General, 141*, 518-526.

Wang, C., Weng, J., Yao, Y., Dong, S., Liu, Y., & Chen, F. (2017). Effect of abacus training on executive function development and underlying neural correlates in Chinese children. *Human Brain Mapping, 38*, 5234-5249.

Wang, F., Peng, K., Chechlacz, M., Humphreys, G. W., & Sui, J. (2017). The neural basis of independence versus interdependence orientations: a voxel-based morphometric analysis of brain volume. *Psychological Science, 28*, 519-529.

Way, B. M., & Lieberman, M. D. (2010). Is there a genetic contribution to cultural differences? Collectivism, individualism, and genetic markers of social sensitivity. *Social Cognitive and Affective Neuroscience, 5*, 203-211.

Way, B. M., Taylor, S. E., & Eisenberger, N. I. (2009). Variation in the-opioid receptor gene (OPRM1) is associated with dispositional and neural sensitivity to social rejection. *Proceedings of the National Academy of Sciences, 106*, 15079–15084.

Wells, G. L., & Petty, R. E. (1980). The effects of over head movements on persuasion: Compatibility and incompatibility of responses. *Basic and Applied Social Psychology, 1*, 219-230.

Williams, K. D., Cheung, C. K., & Choi, W. (2000). Cyberostracism: Effects of being ignored over the Internet. *Journal of Personality and Social Psychology, 79*, 748–762.

Winter, L., & Uleman, J. S. (1984). When are social judgments made? Evidence for the spontaneousness of trait inferences. *Journal of Personality and Social Psychology, 47*, 237-252.

Yamagishi, T., Hashimoto, H., Li, Y., & Schug, J. (2012). Stadtluft macht frei (City air brings freedom). *Journal of Cross-Cultural Psychology, 43*, 38-45.

Yamagishi, T., Hashimoto, H., & Schug, J. (2008). Preferences versus strategies as explanations for culture-specific behavior.

*Psychological Science, 19,* 579-584.

四本裕子（2022）．脳や思考・行動の男女差．*日本ロボット学会誌, 40,* 21-24.

Yu, Q., Abe, N., King, A., Yoon, C., Liberzon, I., & Kitayama, S. (2019). Cultural variation in the gray matter volume of the prefrontal cortex is moderated by the dopamine D4 receptor gene (DRD4). *Cerebral Cortex, 29,* 3922-3931.

Yuki, M., Maddux, W. W., & Masuda, T. (2007). Are the windows to the soul the same in the East and West? Cultural differences in using the eyes and mouth as cues to recognize emotions in Japan and the United States. *Journal of Experimental Social Psychology, 43,* 303-311.

Zarate, M. A., Uleman, J. S., & Voils, C. I. (2001). Effects of culture and processing goals on the activation and binding of trait concepts. *Social Cognition, 19,* 295–323.

Zheng, S., Masuda, T., Matsunaga, M., Noguchi, Y., Ohtsubo, Y., Yamasue, H., & Ishii, K. (2020). Oxytocin receptor gene (OXTR) and childhood adversity influence trust. *Psychoneuroendocrinology, 121,* 104840.

Zhu, Y., Zhang, L., Fan, J., & Han, S. (2007). Neural basis of cultural influence on self-representation. *NeuroImage, 34,* 1310-1316.

Zubieta, J. K., Ketter, T. A., Bueller, J. A., Xu, Y., Kilbourn, M. R., Young, E. A., & Koeppe, R. A. (2003). Regulation of human affective responses by anterior cingulate and limbic muopioid neurotransmission. *Archives of General Psychiatry, 60,* 1145–1153.

**著者略歴**

京都大学大学院人間・環境学研究科博士課程修了、博士（人間・環境学）。北海道大学社会科学実験研究センター助教、神戸大学大学院人文学研究科准教授、名古屋大学大学院情報学研究科准教授を経て、現在は同教授。

著書に『認知科学講座3 心と状況・社会・文化』（分担執筆、2022、東京大学出版会）、『文化を実験する』（分担執筆、2014、勁草書房）、『科学としての心理学』（共訳、2023、新曜社）、『名誉と暴力』（編訳、2009、北大路書房）がある。


文化神経科学
文化は心や脳をどのように形作るか

2025年２月20日　第１版第１刷発行

著　者　石《いし》　井《い》　敬《けい》　子《こ》

発行者　井　村　寿　人

発行所　株式会社　勁《けい》　草《そう》　書　房

112-0005 東京都文京区水道2-1-1　振替 00150-2-175253
（編集）電話 03-3815-5277／FAX 03-3814-6968
（営業）電話 03-3814-6861／FAX 03-3814-6854
堀内印刷所・松岳社





ISBN978-4-326-29941-6　　Printed in Japan





＊落丁本・乱丁本はお取替いたします。
ご感想・お問い合わせは小社ホームページから
お願いいたします。

https://www.keisoshobo.co.jp

| | | | |
|---|---|---|---|
| 山岸俊男編著 | 文化を実験する　社会行動の文化・制度的基盤 | A5判 | 三五二〇円 |
| レイランド<br>豊川航訳 | 人間性の進化的起源<br>なぜヒトだけが複雑な文化を創造できたのか | A5判 | 四六二〇円 |
| コスタ<br>森島泰則訳 | バイリンガル・ブレイン<br>二言語使用からみる言語の科学 | 四六判 | 三五二〇円 |
| モシェ・バー<br>横澤一彦訳 | マインドワンダリング<br>さまよう心が育む創造性 | 四六判 | 三六三〇円 |
| 子安増生編著 | アカデミックナビ　心理学 | A5判 | 二九七〇円 |
| ハリス・クーパー<br>井関・望月・山根訳 | 心理学における量的研究の論文作法<br>APAスタイルの基準を満たすには | A5判 | 三五二〇円 |
| ラインハート<br>西原史暁訳 | ダメな統計学　悲惨なほど完全なる手引書 | A5判 | 二四二〇円 |
| 小野寺敦子編著 | 恋愛を学問する　他者との関わり方を学ぶ | A5判 | 二六四〇円 |

＊表示価格は二〇二五年二月現在。消費税（一〇％）を含みます。